JN308232

藤田正勝

清沢満之が歩んだ道

その学問と信仰

法藏館

目次

清沢満之が歩んだ道 ——その学問と信仰

第一章　清沢満之が歩んだ道——その学問と信仰

一　「建峯」の時代

清沢満之は江戸から明治に変わる五年前、文久三（一八六三）年に名古屋に生まれました。名古屋から東京へ、そして京都、須磨垂水、ふたたび東京へと転々としたあと、明治三十六（一九〇三）年、自坊のある三河大浜（現在の地名では愛知県碧南市浜寺町）で最後の時を迎えました。三十九年十一カ月という短い生涯でしたが、清沢はその土地その土地で大きな足跡を残しました。その足跡を追いながら、清沢がどのような人であったのか、どのように学問形成を行い、どのようにしてその信仰を育んでいったのかを見てみたいと思います。

おもしろいことに、清沢はそれぞれの場所で、その時期を象徴する言葉を自らの号としました。それを最初から列挙すると、建峯《けんぽう》、骸骨《がいこつ》、石水《せきすい》、臘扇《ろうせん》、浜風《ひんぷう》ということになります。これらの号には、そのときどきの清沢の思いが込められています。それに従って清沢の歩み、その思想と信仰とを見ていきたいと思います。

「建峯」という号

まず最初に故郷の名古屋で過ごした時期、および東京大学で学んだ時期が「建峯」時代です。この「建峯」という号に関してですが、清沢の高弟暁烏敏《あけがらすはや》の弟子であった西村見暁《けんぎょう》が、『清沢満之先生』（昭和二十六年、法藏館）という著作のなかで、「建峯という号は、東海道往復の途中に眺められた富士の高嶺にご自分の理想をたくせられたものであるまいか(1)」と推測しています。ひんぱんに東京とのあいだを往復する現在でも、富士山の美しい姿には、そのときどきに心打たれます。夏には夏の、冬には冬の独特の美しさが富士山にはあります。当時はおそらく現在ほど行き来することはできなかったでしょうから、それだけに、まれにしか目にしなかった富士山の雄大で美しい姿から強い印象を受けたにちがいありません。その姿に、自らの理想を、そして自らの将来を重ね合わせるということは、とくに理想に燃える青年には十分ありえたように思われます。この建峯という号は、そういう青年清沢の姿を彷彿とさせる号であると思います。

幼少期

清沢は尾張藩の藩士徳永永則《えいそく》の長男として生まれました。永則は士族とは言え、少禄で必ずしも裕福ではありませんでした。また剛直な性格の人で、あまり世渡りがうまくなく、そのため、とくに廃藩置県後は一家は苦しい生活を送ったようです。

徳永家は真宗大谷派の門徒で、とくに母のタキは篤い信仰をもっていました。父母ともに朝夕の勤行を欠かしませんでした。その影響を受けて、清沢も、五、六歳で正信偈《しょうしんげ》などをそらんじることができたようです。

清沢は小学校を終えたあと、明治七（一八七四）年に、新しく作られた愛知外国語学校（のちに愛知英語学校と改称）に入学しました。しかし明治政府の方針で（財政困窮のために）廃校になったため、明治十年に愛知県医学校に転じました。その校舎は完成したのですが、設備などが整わず、半年間、休校という措置が取られました。そのため清沢はやむなく医学校を退学しました。

行き場を失った清沢に、一つの方向を示したのが、親しくしていた小川空恵《くうえ》という人でした。母のタキが仏法を聞くために出入りしていた近所の覚音寺という寺の息子です。この友人が、東本願寺が明治八年に将来の宗派を担う人材を養成するために設立した育英教校への入学を勧めたのです。その勧めに従って清沢は明治十一年に京都に上り、得度して（法名は賢了〔賢亮〕）、この学校に入りました。進路の大きな転換でした。

弟子の暁烏敏が伝えるところでは、清沢はのちにそのときの事情を次のように語ったとのことです。「自分はとても思ふ様に学問の出来ぬ境遇に居つたから、一生学問さして呉れると云ふのが嬉しさに、坊主になつたので、決して親鸞聖人や法然聖人の如く、立派な精神で坊主になつたのではない(2)」。この言葉が示すように、ただひたすらに学問することをめざしての転換であったと言えます。

育英教校

こうして清沢は四年にわたって京都の育英教校（のちに上等教校となる）で学ぶことになりました。同窓に、生涯の友となる沢辺（のちに稲葉に改姓）昌丸《まさまる》らがいました。稲葉は当時の清沢の様子をのちに次のように記しています。「当時英語と数学とは君の得意とする所にて、挙動活発、閑あれば高声に三経〔『仏説無量寿経』『仏説観無量寿経』『仏説阿弥陀経』〕を読誦《どくじゅ》す。蓋《けだ》し僧侶と成りて日尚ほ浅く読法練習の為なり。斯《か》くて道心堅固の聖僧たる面影ある為、高潔なる意味にて「ビショップ」なる異名を得たり(3)」。

キリスト教の「司教」という渾名を付けられたというのがたいへんおもしろく思われます。真剣な学業への取り組みが認められ、明治十四年の末、清沢は東本願寺から稲葉昌丸らとともに東京へ留学生として派遣されることになりました。すでに明治十一年に井上円了《えんりょう》が東京に派遣され、東京大学予備門を経て、十四年には文学部哲学科に入学していました。

清沢は十五年の一月に行われた予備門第二級第一学期末の補欠試験を受け、合格しました。そして翌年に予備門を終え、九月に円了と同じ文学部哲学科に入学しました。

東京大学時代

文学部哲学科の同級には、のちに京都帝国大学総長や文部大臣を務めた岡田良平、一級下には、やはり京大総長を務めた沢柳政太郎らがいました。清沢はのちに東京大学時代を「尤も快なりし」とふり返っていますが、思う存分学問に励み、学生生活を楽しんだようです。それと関わりがあると思われますが、学生たちの暴動に関係して、入学の年に一度退学を命じられています。二カ月後に復学を許され、勉学を続けることができましたが。

清沢が文学部に入学した当時、哲学を教えていたのは、のちに日本美術に関心をもち、岡倉天心らとともに日本の伝統美術の復興に力を尽くしたことで、また日本の伝統美術を西洋世界に紹介したことで知られるアーネスト・フェノロサ（Ernest Francisco Fenollosa, 1853-1908）でした。清沢はこのフェノロサから大きな影響を受けました。

第四章で詳しく触れますが、フェノロサは一八七七年にアメリカのハーヴァード大学を卒業したのち、大森貝塚の発見で知られる、動物学教授として東京大学に勤務していたエドワード・モース（Edward Sylvester Morse, 1838-1925）の推薦により、明治十一（一八七八）年に東京大学に外国人教師として赴任してきました。東京開成学校と東京医学校とが合併し、東京大学になったのが明治十年ですから、その翌年に二十五歳で来日したのです。そして政治学、理財学（経済学）、哲学史を教えました。やがてフェノロサは日本美術に関心を寄せるようになり、明治十九年に東京大学を退職して、文部省に入り、その後、東京美術学校に転じました。

明治十九年というのは、清沢が東京大学の文学部を卒業する前の年であり、清沢はまる三年間フェノロサのもとで学んだわけです。翌二十年には、ドイツ人のルートヴィヒ・ブッセ（Ludwig Busse, 1862-1907）が来日し、フェノロサのあとを承けて哲学の講義を担当しました。清沢はカントの哲学などをブッセから学んだようです。

清沢がフェノロサを高く評価していたことは、たとえば清沢のもっとも親しい友人であった稲葉昌丸の「大学時代ではフェノロサのヘーゲルの講義が一番面白かったと常に話されました」[4]という言葉からも知ることができます。

フェノロサは、アメリカで学んでいたときに、スペンサーの進化論の哲学から強い影響を受けましたが、同時にドイツ哲学にも強い関心を抱いていました。日本ではじめてヘーゲル哲学について講義をしたのは、フェノロサでした。清沢の『西洋哲学史講義』に次のような記述があります。「東京大学にてフェノロサ氏はヘーゲル氏を非常に褒めて、此の後はヘーゲル氏の説を開展するの哲学に止まるなりと云へり(5)」。このフェノロサの理解が、清沢の哲学理解に、またヘーゲル評価に大きな影響を与えたことはまちがいありません。

東京大学時代の大きな出来事の一つとして「哲学会」の創立が挙げられます。井上円了が中心になり、加藤弘之、西周《にしあまね》、西村茂樹、外山正一《とやままさかず》、井上哲次郎らに相談の上、明治十七年に創立されました。加藤が会長、外山が副会長、岡田良平と清沢が書記を務めました。そして明治二十年には『哲学会雑誌』を刊行するにいたりました。清沢はその編集に第五号まで携わり、自らも第二号に「哲学定義集」を発表しています。ようやく日本において哲学研究の礎が築かれつつあったわけですが、そこで清沢は大きな役割を果たしました。

両眼人

さて、本書並びに本章の題を「清沢満之が歩んだ道——その学問と信仰」としました。清沢満之がどういう人であったのか、どのような道を歩んだのかを語る上で、この二つのもの、つまり学問と信仰とを並べて論じるということは、たいへん大きな意味があると私は考えています。

そのことを私は、かつて、清沢が開いた信仰共同体である浩々洞《こうこうどう》の同人でもあり、また大谷大学の学長をも務めた曽我量深《りょうじん》の金子大栄宛書簡を読んだときに強く感じました。明治四十四年一月八日付けの手紙ですが、そこで曽我は次のように記しています。「今代にあるべくしてなきものは両眼人《りょうがんじん》に候。如来を信ずる信眼あるとともに、自己の現実を照知する智眼ある人に候。此《この》信眼と智眼とを具したるは唯《ただ》清沢先生であつた(6)」。

清沢は「信眼」と「智眼」とを兼ね備えた人、つまり深い信仰と現実を的確に把握する智慧とを兼ね備えた「両眼人」であったというのです。私自身は文章を通して清沢に触れたにすぎず、その人となりを直接知るものではありませんが、弟子の方たちや影響を受けた人たちが残した文章から、この曽我の言葉は、その人となりを的確に表現しているように思われます。この学問と信仰という二つの言葉をキー・ワードにして、以後の清沢の歩んだ道を見ていきたいと思います。

二　「骸骨」の時代

京都への赴任

明治二十年に帝国大学（十九年に東京大学から改称）を卒業したのち、清沢は引き続き大学院で研究を続けました。またあわせて第一高等中学校で「フランス史」の講義を担当し、同年、井上円了が開設した哲学館の評議員となり、「心理学」や「論理学」「純正哲学」などの講義を担当しました。おそらくこのときは自らの将来に関して、学者として自立する道を思い描いていたと思われます。しかし、翌年大きな転機が訪れました。

京都府の学校教育において中心的な役割を果たしたのは明治三年に置かれた京都府中学校（十七年に京都府京都中学校に、二十年に京都府尋常中学校に改称）ですが、二十年当時、京都府は財政難から中学校の経営に行き詰まっていました。そこでその経営を大谷派本願寺に委ねようとしたのです。本願寺は、真宗大学寮の兼学科を中学校の別科とすること、また校長を大谷派から派遣するという条件でこの要請を受諾し、その校長の任に着くことを帝国大学の大学院にいた清沢に依頼したのです。

おそらく清沢は、この依頼を受けるべきかどうか、大いに逡巡したと思います。結局、清沢はこの依頼を受諾しました。そのときの思いをのちに人見忠次郎に次のように語っています。「人は恩義を思はざるべからず。……余は国家の恩、父母の恩はいふまでもなく、身は俗家に生れ、縁ありて真宗の寺門に入り、本山の教育を受けて今日に至りたるもの、この点に於いて、余は篤く本山の恩を思ひ、之が報恩の道を尽さゞるべからず(7)」。

京都時代の清沢

恩に報いるという理由から、学者としての道ではなく、教育者としての道を選んだようです。この京都時代が「建峯」時代に次ぐ、「骸骨」時代になります。

赴任当時の、弱冠二十六歳の清沢がどのような校長であったのか、資料はあまり多くありませんが、斉藤唯信《ゆいしん》という人が、清沢の思い出を記した文章のなかで、「香水をぷんぷん匂わせた」ハイカラな姿格好で清沢が京都に赴任したことを記しています。

この時期に清沢の身辺で生じたもう一つの大きな出来事は結婚です。京都に赴任した翌月、清沢は三河大浜の西方寺の住職清沢厳照《ごんしょう》の次女やすと結婚しました。両家のあいだでは、満之が西方寺に入り寺務を助けるが、姓は徳永のままとするという約束が交わされました。しかし両者の思惑は同じではなかったようで、しばらくごたごたが続きました。それは、明治二十八年、あとで述べる須磨垂水での転地療養から帰洛する少し前頃に満之が清沢姓を名のるようになる形で収まりました。

尋常中学校の校長を務めるかたわら、清沢は真宗大学寮で西洋哲学史を講じました。哲学はもちろん明治になって西周らの手によって紹介されるようになった新しい学問ですが、明治二十年頃にようやく日本人の手によって哲学概論や哲学史が書かれるようになりました。哲学史としてよく知られているのは、明治二十二年に刊行された三宅雪嶺《せつれい》の『哲学涓滴《けんてき》』です。しかしこれは近代に限定されたものでした。それに対して、清沢が明治二十二年から二十七年にかけて真宗大学寮（二十九年に真宗大学に改称）で行った西洋哲学史に関する講義は、古代から現代、ロッツェやコント、スペンサーにまで説き及んでおり、視野の広さにおいても、理解の深さにおいても、この時点では――公刊されたものではありませんでしたが――もっともすぐれた内容をもつ哲学史でした。シュヴェーグラー（Albert Schwegler, 1819-1857）やボーウェン（Francis Bowen, 1811-1890）、ルイス（George Henry Lewes, 1817-1878）らの哲学史が踏まえられていたと考えられますが、それらの記述を単にパラフレーズするのではなく、十分に咀嚼し、自らの言葉で語るということをしています。主要な学説について、それを概説したあと、最後に自ら「批評」を付け加えている点も、清沢の哲学史の大きな特徴です。

禁欲主義の実践

ところが清沢は明治二十三年七月、突然京都府尋常中学校の校長の職を辞任します（本願寺の強い要請で真宗大学寮の講義と中学校の授業は引きつづき担当しましたが）。そしてその職を、二十二年に帝国大学理科大学を終え、尋常中学校に戻っていた稲葉昌丸に委ねました。なぜ赴任して二年で突然辞職したのか、詳しい理由は分かりません。ただ辞職する少し前に年来の友人小川空恵に「真宗の僧風は次第に衰頽せり。されば、早晩中学校長を辞し、自ら墨の衣、黒の袈裟、綿服を着、木履を穿ち、各地を行脚し、宗門の真義を発揮して、宗風の拡張を謀らんと欲す[8]」と語っています。当時の宗門のあり方や僧侶たちの宗教者としてのあり方に対する強い批判があったことをうかがわせます。

実際、校長職を辞した頃から、清沢は剃髪し、着衣を洋装から僧衣に改め、禁欲的な生活を始めました。そして二十四年に母のタキが没して以降は、いっそう厳しい禁欲生活を送るようになりました。塩を断ち、煮炊きを止めて、そば粉を水に溶かして食したと言われています。いわゆる「ミニマム・ポシブル」(minimum possible)――「可能な限り小さなもの(少量のもの)」という意味――の実践を自らに課したのです。これらは自力への執着とも受けとられかねませんが、清沢からすれば、僧侶たちのモラルの衰退を前にして、宗教者の本来のあり方に立ち返ろうとするものであったと言えるでしょう。

「骸骨」という号

「骸骨」という号は、このような実践とも関わりがあったと言えます。西村見暁は先に挙げた『清沢満之先生』のなかで、「皮を去り、肉をのぞいて、人生の骨格をきわめなければやまない求道の精神がこの骸骨という号を生み出したのである[9]」と記しています。

そのような実践とあわせて清沢はこの頃『真宗仮名聖教』をくり返し読みました。とくに『歎異抄』を喜んで読んだと言われています。おそらくそれを通して信仰とは何かを改めて問おうとしたのでしょう。

他方、真宗大学寮では明治二十四年から二十五年にかけて「宗教哲学」の講義を行いました。清沢は二十五年に『宗教哲学骸骨』を法藏館から出版しましたが、そのもとになったものです。この『宗教哲学骸骨』は、清沢の最初の、そして生前公刊された唯一の著書です。稲葉昌丸がこの書の序文を書いていますが、この『宗教哲学骸骨』という表題について、「君曰く、此《この》稿未だ完からず、夫《そ》れ宗教哲学の骸骨と謂《い》ふを得ん歟《か》」と記しています。宗教哲学の骨格の部分という意味でこの表題を付けたと考えられます。「骸骨」という清沢の号は、この主著の表題とも大いに関わりがあります。

『宗教哲学骸骨』

『宗教哲学骸骨』の詳しい内容については第五章にゆずりますが、このタイトルがすでに、この本のなかで清沢がどのような視点から仏教、あるいは宗教の問題を考えようとしていたかを語っています。一言で言えば、表題の通り、「宗教哲学」の立場に清沢は立っていたと言うことができます。「宗教哲学」、広く言えば「哲学」、さらに広く言えば「学問」が清沢の関心を占めていました。この書の冒頭で、「宗教が吾人の間に存するは如何なる理由あるによるかと言ふに……」というように記されています。この冒頭の問いが端的に示すように、信仰の立場に立ってではなく、哲学の立場に立って「宗教とは何か」、あるいは「なぜ宗教が存在するのか」ということが問われたと言えます。

帝国大学時代の学問への強い関心、そして新しい観点から宗教の問題について論じ、それを一つの学問として築きあげていきたいという熱い思いが、ここに脈々と流れているように思われます。

もちろん「宗教とは何か」を論じるにあたって、清沢が踏まえていたのは仏教でした。『宗教哲学骸骨』は仏教という確固とした立脚地に立った上で書かれたものでした。そしてその基礎にあったのはまちがいなく他力の信仰でした。『宗教哲学骸骨』は、はっきりとそれを踏まえて書かれています。

しかし彼はそこに視点を固定して仏教を見ていたのではありません。他力と自力という区別を離れ、大きな視野のなかで仏教について語っています。そして伝統から解き放たれた自由な言葉によって仏教について語っています。それは、清沢がまず哲学を学んだ人であったこと、そしてそれを媒介にして宗教の問題について思索した人であったということと無縁ではありません。むしろ、それと深く関わっていると言えます。

しかしそれはもちろん、哲学を媒介にすれば必然的にそのような視点に立ちうるということではありません。時代との関わりも大きいと思います。清沢が活躍した時代は、近代化の裏側で宗教が人間の生の基盤としての力を失いつつある時代でありました。そのなかでいかにしてふたたび仏教が力を回復しうるのかという問題が、清沢に喫緊の課題として意識されていたと思います。

清沢は伝統のなかに閉じこもることによってではなく、むしろ、仏教を一宗派の、あるいは日本の仏教という枠を超えて、普遍的な場へと解き放つことによって、仏教の再活性化が可能となると考えていたように思われます。そのような問題意識から清沢は、仏教を開かれた大きな視野のなかで見つめなおそうとしたのだと思います。

教え子たち

尋常中学校で清沢の授業を受けた人に、近角常観《ちかずみじょうかん》や清川円誠《えんじょう》、吉田賢竜《けんりゅう》らがいました。清沢は京都に来た翌年、明治二十二年にさっそく、中断していた本山留学生制度の復活を建議し、彼らを東京に送り出しました。近角は帝国大学在学中、清沢が推進した宗門改革運動にも参加しましたし、あとで触れる浩々洞《こうこうどう》は、近角が本郷森川町に開いた寮に、上京した清沢が洋行した近角に代わって移り住んでできたものでした。

明治二十六年、東本願寺は、それまで経営に携わってきた京都府尋常中学校を府に返還し、大谷尋常中学校を開設しました。これを機に宗門の教学をいっそう充実したものにしようと、清沢は東京大学以来の友人であり、当時文部参与官の職を退いていた沢柳政太郎を校長として迎えました。沢柳は同時に大谷派教学顧問として、清沢とともに大谷派の学制の根本的な改革にあたりました。またかつて清沢と同じように東本願寺の東京留学生であり、金沢の共立尋常中学校の校長をしていた今川覚神《かくしん》がこれに加わりました。

大谷尋常中学校開設にあたり、生徒の側では、暁烏敏、山田(のちに佐々木に改姓)月樵《げっしょう》、多田鼎《かなえ》らが編入学し、清沢のもとで学ぶことになりました。彼らもまた、宗門改革運動で大きな役割を演じましたし、浩々洞を基盤として展開された精神主義の運動において中心的な役割を果たしました。京都時代は清沢にとって、のちの彼の活動に深く関与する人々に出会った時期でもあったのです。

三 「石水」の時代

「石水」

先に見ましたように、清沢は「ミニマム・ポシブル」と呼ばれる禁欲の生活を自らに課しました。しかしそれは「可能なもの」という限界を超えたものでした。明治二十七年の初頭にインフルエンザにかかり、それに禁欲生活が重なり、極度の体調不良に陥りました。診断の結果は肺結核でした。言うまでもなく、当時は不治とされた病でした。「転地療養を」という友人らの勧めを拒みきれなくなり、ついに清沢はその年の六月に父の永則とともに兵庫県明石郡西垂水村に移り住み、そこで一年あまり療養生活を送ります。

この垂水時代に名のった号が「石水」という号でした。この時期に書かれた随想録「病床左録」に「石水生」という名が記されています。この「石水」という言葉は、文字通りには、岩間を伝って流れる水のことを指すのであろうと思われますが、どのような気持ちがそのなかに込められていたのか、現在残されている資料から詳しいことを知ることはできません。

「自力の迷情」の翻転

明治二十七年から二十八年にかけて清沢は結核の治療に専念しましたが、しかし、病状はよくなりませんでした。垂水滞在中に清沢は「保養雑記」と題した日記（明治二十七年七月から二十八年七月まで）を執筆していますが、そこには、はっきりと死を覚悟した言葉が出てまいります。たとえば、その第四編の三月十五日の欄には、「妻やすには余の心中も予《かね》て承知のこと、今別に云ひ遺すべきことなし。只だ後を宜敷《よろし》き様重ねて依頼し置くのみ」と記されています。

このような状況のなかで一つの大きな経験をします。回心と言ってもよいかもしれません。のちに書かれた日記、具体的に言うと、明治三十五年（それは死の前年です）の当用日記の裏扉に次の言葉が記されています。「回想す。明治二十七八年の養痾《ようあ》（病を癒すこと）に、人生に関する思想を一変し略《ほ》ぼ自力の迷情を翻転し得たりと雖ども、人事の興廃は尚ほ心頭を動かして止まず。乃《すなわ》ち二十八九年に於ける我宗門時事は終に二十九三十年に及べる教界運動（あとで述べる雑誌『教界時言』を通して行われた宗門の改革運動のこと）を惹起せしめたり」。

「自力の迷情」という言葉には、おそらく京都時代の過度の禁欲修行に対する反省が込められていると思います。その迷いの心を翻転することによって、清沢のなかに、信仰の問題が以前よりいっそう大きく浮かび上がってきたように見えます。のちに――「臘扇記」と題された日記に――清沢は「独立者は常に生死巌頭に立在すべきなり。殺戮餓死、固より覚悟の事たるべし」という言葉を記しますが、文字通り生死の巌頭に立つことによって、学問としての宗教ではなく、安心立命《あんじんりゅうみょう》の宗教、生きた信仰としての宗教が、彼にとって大きな問題として意識されるようになったのではないかと思います。

『在床懺悔録』

そして『在床懺悔録《ざいしょうさんげろく》』と題された草稿が書かれることになります。「懺悔」というのは、先ほどの「自力の迷情を翻転し得たり」という言葉に関わっていると考えられます。

この『在床懺悔録』のなかで清沢は、他力仏教の問題を正面から取り扱っています。具体的に言うと、親鸞の『教行信証』の枠組みに沿って浄土真宗の教義の主要な問題を論じています。おそらく、真宗の教義を、いま言った「生きた信仰」としてもう一度見直すという作業がここでなされたのではないでしょうか。のちに雑誌『精神界』に発表された「精神主義」という文章のなかに、例の有名な「吾人の世に在るや、必ず一つの完全なる立脚地なかるべからず」という言葉が出てきますが、それを使って言えば、自らの立脚地、つまり自らがそこに立つ場所というものを確認するために、この草稿は書かれたのではないかと思います。先ほど、『宗教哲学骸骨』が執筆されたとき、清沢が足を置いていたところは仏教であったと言いましたが、そこではまだこの立脚地そのものは問題にされませんでした。それに対して、この『在床懺悔録』においては、自らの立つ立脚地そのものが問題にされたと言うことができます。

『他力門哲学骸骨試稿』

『在床懺悔録』を書き上げたあと、清沢は『他力門哲学骸骨試稿』と題された文章を書き始めます。明治二十八年の二月初めから三月末にかけてのことでした。先ほどの「保養雑記」に記された死への覚悟を考えあわせると、『在床懺悔録』と『他力門哲学骸骨試稿』というこの二つの草稿に清沢は彼の遺言という意味を込めていたのではないかと考えられます。『在床懺悔録』が、日記の言葉が文字通り、家族への遺言であるとすれば、この『他力門哲学骸骨試稿』の方は、彼の思想上の遺言であったと言えるかもしれません。

この『他力門哲学骸骨試稿』の内容については第五章で詳しく触れますが、『在床懺悔録』と比較すると、『宗教哲学骸骨』の問題意識を受け継ぎ、「宗教哲学」としての性格を強くもっていると言えます。『在床懺悔録』に引きつづいて、この『他力門哲学骸骨試稿』が執筆されたということは、清沢において、学問と信仰とがやはり切り離しがたく結びついていたことを示していると思います。「他力門哲学」という言葉が、文字通り、そのことを示していいます。「自力の迷情を翻転し得た」あとにおいても、清沢はやはり、信仰の人であると同時に、学問の人でもあったと言えるのではないでしょうか。

ふたたび京都へ

『在床懺悔録』と『他力門哲学骸骨試稿』を書き上げたあと、清沢は明治二十八年の七月に京都に戻ります。そこで大きな問題が待ち構えていました。

先に記しましたように、清沢や稲葉は沢柳政太郎にも支援を仰ぎ、大谷派の学制の根本的な改革に取り組みました。教学の振興が彼らの大きな目標でした。しかしその改革が、制服を洋服から法衣にし、長髪を禁ずるという日々の生活態度にも関わるものであったため、生徒たちが反発し退学するという事件が起きました。本山の執事でもあり教学部長でもあった渥美《あつみ》契縁《かいえん》はその責任を問い、沢柳政太郎を解職、稲葉昌丸、今川覚神などを減俸処分にしました。そのあと稲葉や今川らは「忍従自重」を強いられました。そのようななかでの清沢の帰洛でした。

宗門の改革運動

清沢らがまず取り組んだのが、東本願寺へ寺務改革のための「建言」書を提出することでした。明治二十八年の七月のことです。彼らが求めたのは、まず寺務において教学を何より重視すること、そしてそのために必要な機関に必要な人材をあてることでした。しかしその「建言」の大方は受け入れられませんでした。そのため彼らは宗門改革のために立ち上がる決断を下します。二十九年の十月に清沢は愛宕郡白川村（現在は左京区）に移り住み、教界時言社を設立して、そこを基盤に宗門改革運動を展開しようとしました。彼らは清沢の居宅があった場所に因んで、「白川党」と呼ばれました。

彼らは雑誌『教界時言』を発刊し、それを通して宗門の改革の必要性を訴えました。彼らを突き動かしていたものが、当時の大谷派における教学の不振であったことは、『教界時言』第三号に掲載された清沢の「革新の要領」という文章からもよく知られます。そのなかで次のように言われています。「根本的革新といふものは実に精神的革新に在り、即ち一派従来の非教学的精神を転じて教学的精神と為し、多年他の事業に専注したる精神をして一に教学に専注せしむるに在り、夫《そ》れ教学は宗門命脈の繫《つなが》る所、宗門の事業は教学を措《お》て他にこれあるを見ざるなり(10)」。

この運動にすぐに賛同したのが、佐々木月樵や暁烏敏、多田鼎ら真宗大学の学生たちでした。彼らは同盟休校をし、「我が敬愛なる父兄同胞及び門信徒に訴ふ」と題した文章を作成し、清沢らの運動を側面から支えました。また哲学館（現在の東洋大学）の館主であった井上円了や帝国大学の講師であった村上専精《せんしょう》らもこの運動を支持する文章を発表しました。この運動はくり返し新聞や雑誌でも報道され、大きな広がりを見せました。それを承けて、二十九年十二月に執事であった渥美契縁は退陣を余儀なくされました。

清沢は「革新の要領」のなかで、その根本趣旨に沿った十項目にわたる制度の改革を提言していましたが、清沢や稲葉らは、それに沿った請願書を法主《ほっす》に提出することを計画しました。それには二万人の賛同者の署名が添えられていました。しかし教団側はそれを拒否しました。逆に三十年二月、教界時言社の社員、清沢、稲葉、今川、清川、月見覚了、井上豊忠《ぶんちゅう》の六名が、寺務を非難し、派内の静謐を妨げたとして東本願寺から除名の処分を受けました。ただ、その後、請願書の提出自体は認められました。

改革運動に反対する力も徐々に強まり、清沢らには除名処分を覆すだけの力はありませんでした。この請願書の提出をもって、その宗門改革運動は終熄に向かいました。『教界時言』も三十一年四月に廃刊になりました。他方、蓮如四百回忌法要に伴い清沢や稲葉らの除名処分が解かれ、清沢は三河大浜の西方寺に戻ることになりました。

この改革運動が終熄を見てのち、清沢はたいへん興味深い言葉を語っています。河野法雲《かわのほううん》が三十一年に清沢を訪ねた折に次のように話したということです。「一つ見おとしがあつた。それは小部分の者が如何に急いでもあがいても駄目だ。……此の一派――天下七千ヶ寺の末寺――のものが、以前の通りであつたら、折角の改革も何の役にもたゝぬ。……これからは一切改革のことを放棄して、信念の確立に尽力しやうと思ふ」(11)。三十一年以降の清沢の日々は、まさにこの「信念の確立」にあてられたと言えるでしょうか。

四 「臘扇」の時代

「臘扇」

明治三十一年五月に西方寺に戻ってのち清沢が書き記した日記には「臘扇記」という表題が付けられています。「臘」とはこの場合、「臘月」、旧暦の十二月であり、したがって「臘扇」とは十二月の扇、つまり無用のものを指します。おそらく西方寺での自らの境遇を念頭に置いての言葉であったと推測されます。清沢は肺結核を患った身でした。また法話や法事などの寺務は決して得手ではなかったようです。さらに年老いた実父永則の世話の問題がありました。大きなためらいがあったと思いますが、清沢は永則ともども身を西方寺に投じたのです。

先に明治三十五年の当用日記の裏扉に記された言葉を引用しましたが、その言葉のあとに、「修養の不足は尚ほ人情の煩累《はんるい》に対して平然たる能はざるものある」と記されています。「人情の煩累」という言葉には、いま挙げたことどもがすべて込められていたのではないでしょうか。「臘扇記」という日記の表題には、その「煩累」から起こってくるさまざまな思いが込められていたように思います。

芭蕉の「夏炉冬扇」

ちなみに、「臘扇」という言葉で思い出すものに、芭蕉の「夏炉冬扇」という言葉があります（もともとは中国後漢時代の王充の『論衡』に見える言葉です）。「許六離別の詞《きょりく》《ことば》」のなかで芭蕉は、「予が風雅は夏炉冬扇のごとし。衆にさか〔逆〕ひて用る所なし」というように述べています。芭蕉は自らの生涯の営みとなった俳諧のことを、「狂句」と呼んだりしていますが、それは、彼が、俳諧が世俗の価値尺度に逆らった営みであること、つまり、世間の人々が追求するもの、日常生活のなかの価値体系からは外れたものであるということを自覚していたことを示しています。そのことを芭蕉は「夏炉冬扇」という言葉で表現したのです。

もちろん芭蕉自身にとっては、その「風狂」の営みは、単なる世俗的価値からの逸脱ではなかったと言うことができます。「風狂」という言葉は単なる卑下ではなく、そこに同時に積極的な価値の主張があったと言えるように私は思います。そのことを『笈《おい》の小文』という芭蕉の文章がよく示していますす。しばしば引用される言葉ですが、そこで芭蕉は次のように記しています。「西行の和歌における、宗祇の連歌における、雪舟の絵における、利休が茶における、其《その》貫道する物は一なり。しかも風雅〔俳諧〕におけるもの、造化〔天地自然〕にしたがひて四時〔春夏秋冬〕を友とす。見る処花にあらずといふ事なし。おもふ所月にあらずといふ事なし。像《かたち》花にあらざる時は夷狄《いてき》にひとし。心花にあらざる時は鳥獣に類《たぐい》ス。夷狄を出《いで》、鳥獣を離れて、造化にしたがひ、造化にかへれとなり」(12)。

ここでは俳諧が無用のものでも、あるいは人生の余白とでも言うべき、人間の生涯の単なる添え物のようなものでもなく、まさにそれによってこそ人間が鳥獣から区別されるものであることが言われています。俳諧、あるいは広く芸術と言ってもよいかもしれませんが、それによってこそ、人間は本来の意味で人間となりうる、ということを芭蕉はそこで主張しているのです。花の美しさに感動し、秋の夕暮れの寂しさに胸ふさぐ思いをする人でなければ、本当の意味での人間ではありえない、そのように芭蕉は考えていたように思います。

エピクテートス

少し横道にそれましたが、大浜に戻ってからも清沢をさまざまな「煩累」が取りまいていました。しかし、そのような状況のなかで、清沢の意識は「信念の確立」に向けられていきました。そのようなときに大きな出会いがありました。

三河大浜に戻ってまもなく、大谷派の新法主大谷光演（句仏）が留学のために東京に出るということが起こりました。新法主から面会を求められた清沢は明治三十一年九月に東京に出ました。その際沢柳政太郎宅に投宿したのですが、そこで清沢はエピクテートスの著作に出会ったのです。明治三十五年の日記に「三十一年秋冬の交、エピクテタス氏教訓書を披展《ひてん》するに及びて、頗《すこぶ》る得る所あるを覚え……」という記述があります。沢柳宅にあった『エピクテートス語録』（*The discourses of Epictetus*）を手にし、そこから強い刺激を受けたのです。以後、この古代ギリシア・ストア派の哲学者の思想に親しむことになりました。「臘扇記」においてくり返しこの『語録』からの抜き書きがなされています。そのことからも、清沢のエピクテートスへの深い共感を知ることができます。

清沢がエピクテートスの思想のどういう点に共感を覚えたのかは、第二章で詳しく触れたいと思いますが、清沢はエピクテートスの思想との関わりでまず「如意なるものと不如意なるもの」との区別に注目します。「不如意なるもの」とは、意のままにならないもの、エピクテートスの言葉で言えば「エクステルナルス」（externals「外なるもの」）、つまり意の外にあるものです。この「不如意なるもの」にとらわれ、いたずらに惑わされてはならないということを清沢はエピクテートスから学んだと言ってよいでしょう。

そしてこの如意と不如意とを区別しなければならないというエピクテートスの思想を清沢はさらに『論語』の「死生命あり、富貴天にあり」という言葉、つまり死や生も、また富貴も天から与えられるものであり、人間の力を超えているという言葉と結びつけて理解しています。清沢は絶筆となった「我信念《わがしんねん》」のなかでもこの『論語』の言葉を引用し、それをしめくくっています。清沢がエピクテートスの思想を自らの信仰に深く関わるものとして受け取っていたことが、このことからも知られます。

「絶対無限の妙用に乗托して……」

「臘扇記」はこのような「信念の確立」の過程で書かれました。そこで清沢は、自らの信仰について、何の装飾もなく、ストレートな形で語っています。そのためか、強く胸を打つ文章が数多く見いだされます。

たとえば明治三十一年十月二十四日の欄には次のように記されています。「自己とは何ぞや。是れ人世《じんせい》の根本的問題なり。自己とは他なし、絶対無限の妙用《みょうゆう》に乗托《じょうたく》して任運《にんうん》に法爾《ほうに》に此《この》境遇に落在せるもの、即ち是なり。只夫《そ》れ絶対無限に乗托す。故に死生の事、亦《また》憂ふるに足らず。死生尚且つ憂ふるに足らず。如何《いか》に況《いわ》んや、此《これ》より而下《じか》なる事件に於ておや(13)」。自己とは、絶対無限の働きに身を任せ、そのはからいのままに、いまある境涯に身を置くものである、そのように絶対無限のはからいに身をまかせているのであるから、死も生も、憂いの対象ではない、死や生でさえそうなのであるから、それ以下のものにおいては、いささかも憂う必要がない。おおよそ以上のような意味でありますが、清沢の信仰の核心がここに非常によく表現されていると思います。

真宗大学学監への就任

さて清沢はその後も新法主から再三、東上の要請を受けます。それを承けて清沢は病身でありながら、その補導のために東京への移住を決意します。明治三十二年の六月のことでした。

その清沢に東本願寺から本山の役職に就くことや真宗大学の運営に協力するようにという依頼がきました。教学への熱意がふたたび呼び覚まされたようで、真宗大学の運営への協力は受諾しました。しかし、真宗大学を東京に移転すること、教育上の方針にはいっさい口をはさまないという条件を付しました。おそらく宗門内の勢力争いには関与したくないという思いがあったのではないでしょうか。この条件が認められ、明治三十三年一月に清沢や月見覚了は真宗大学建築掛に就任します。

実際に東京巣鴨に新校舎が完成し、移転開校式が行われたのは三十四年の十月でした。清沢はその学監（いまで言えば学長）となり、運営全般の責任を引き受けることになりました。開校の辞で清沢は次のように述べています。「我々に於て最大事件なる自己の信念の確立の上に其《その》信仰を他に伝へる即ち自信教人信《じしんきょうにんしん》の誠を尽すべき人物を養成するのが本学の特質であります(14)」。

ここで善導《ぜんどう》の『往生礼讃偈《らいさんげ》』の「自信教人信」という言葉が引かれていますが、同じ言葉を清沢は「臘扇記」のなかでも引用しています。そこで「他力を信ぜば修善《しゅぜん》は任運に成就され得べしと放任すべきかと云ふに決して然《しか》らず。吾人は他力を信ぜば益々修善を勤めざる可からず……。而《しか》して修善を勤めんとせば又従来の自力的妄念の紛起《ふんき》するを感知せん。是れ却《かえっ》て愈々他力を信楽《しんぎょう》するの刺戟なるべし(15)」と述べたあと、この信仰と修善との連鎖が自信教人信、つまり自分自身の信念を確立し、それを他の人に伝え、勧めるにいたる第一要件であることを述べています。そのようなことを学生たちにも求めたことが、右の開校の辞から知られます。

浩々洞

先に少し触れましたが、近角常観は帝国大学を卒業後、哲学館で宗教哲学を教えるかたわら、本郷森川町に寮を開き、中学生などの指導にあたっていました。その近角が明治三十三年の四月、東本願寺の命で欧米の宗教事情の視察に出かけることになり、それに代わって清沢は、同じく真宗大学建築掛を務めていた月見覚了と侍者であった原子広宣《はらここうせん》とともにその寮に移り住みました。九月からは、ちょうど真宗大学を卒業したばかりの暁烏敏や佐々木月樵、多田鼎といった人々が清沢のもとに集まり、共同生活が始まりました。

彼らはこの家を「浩々洞」と名づけました。近角は三十五年に帰朝し、ここに求道学舎を開設しますが、それに伴い浩々洞は本郷東片町に移転しました。

清沢の京都府尋常中学校長時代に帝国大学に留学生として派遣され、中国仏教史の研究者となった常盤大定《ときわだいじょう》が、この共同生活を「恰《あたか》も古代の僧伽《そうぎゃ》を目前に見るが如くに感ぜられた[16]」と表現していますが、活発な、いきいきとした信仰生活が営まれたようです。

多田鼎はのちに「先生の洞を統理せらるゝや、規律を以てせず、叱責を以てせず、一に自由に放任す[17]」と記しています。まったく自由な精神の交流がそこにはあったようです。しかし他方、やはり浩々洞の同人となった安藤州一《しゅういち》は次のように述べています。「先生の、座談に由つて人を教化するや、頗《すこぶ》る丁寧を極め、諄々《じゅんじゅん》として倦《う》まざりしと雖《いえど》も、時有りてか、驟雨《しゅうう》の天飇《てんぴょう》に和して降るが如く、迅雷風烈《じんらいふうれつ》、耳を掩《おお》ふに遑《いとま》あらざる事あり[18]」。ていねいに説き、倦むことなく教え諭すだけでなく、ときには相手の論拠がない主張を激しく攻撃することもあったようです。しかし清沢への深い敬愛は、同人誰しも変わりませんでした。

雑誌『精神界』

「浩々洞」に集った清沢らの活動で特筆すべきは、言うまでもなく、彼らが展開した「精神主義」の運動です。その母体となったのは、明治三十四年一月に創刊された雑誌『精神界』でした。仏教の教えを仏教特有の術語を使わないで広く一般の人たちに伝えたいという、暁烏敏がもともと抱いていたプランをもとに、浩々洞の同人たちが彼らの信仰や信念を世に訴える場所として作られたのがこの雑誌でした。清沢が主幹となり、佐々木月樵が会計を、多田鼎が編集を、暁烏が庶務一般を担当しました。創刊にあたっては、俳句を通して暁烏が親炙していた高浜虚子に教えを乞い、さらにその伝手で中村不折に表紙を依頼しました。

清沢は晩年、主にこの雑誌を通して自らの思想や信仰について記した文章を発表しました。『精神界』は「精神界」、「論説」、「講話」、「雑纂」など、いくつかの欄に分けられていましたが、清沢は主として「精神界」と「講話」の欄に文章を発表しました。「精神界」欄に発表された文章は、清沢のものも他の人のものも、すべて無署名で発表されました。それは「精神界」という欄が、新聞で言えば、「社説」にあたるものだという理解があったからでしょう。ある意味で、清沢を中心とする信仰共同体の全体の意見というか、浩々洞の運動の方向を指し示すという役割をそれは担っていたと考えられます。

それに対して、それ以外の欄に発表された清沢の文章には清沢満之という署名が付されています。それらが、浩々洞全体の見解というよりも、清沢個人の信念の表明という性格をもっていたからだと考えられます。そこで清沢は自らが歩んだ信仰の道筋と、最後に立った場所、あるいは境地について率直に語っています。

精神主義

雑誌『精神界』の第一巻第一号には、その冒頭に「精神主義」という文章が置かれていま す。これは清沢が執筆したものですが、清沢の信仰の核心を言い表した文章であると同時に、清沢を中心とする浩々洞の人々が「信仰はかくあるべし」として掲げた理念でもありました。この「精神主義」という文章は、清沢の、あるいは浩々洞に集まった人たちの「精神主義」宣言ともいうべきものであったと言えます。

「精神主義」が何かということについては、第二章で詳しく論じますが、ここではこの「精神主義」という論考の末尾の文章を引用しておきたいと思います。「精神主義は、吾人の世に処するの実行主義にして、其《その》第一義は、充分なる満足の精神内に求め得べきことを信ずるにあり。而《しか》して其発動する所は、外物他人に追従して苦悶せざるにあり。交際協和して人生の幸楽を増進するにあり、完全なる自由と絶対的服従とを双運して以て此間に於ける一切の苦患《くげん》を払掃《ふっそう》するに在り」〈精神主義というのは、わたくしたちがこの世で生きていく上での実行主義であり、そのもっとも大切で根本的なことは、充分な満足を精神のうちに求めることができると信じる点にあります。そしてそれが外に具体的な形をとって現れるときには、外物や他人に追従して苦悶するということがありません。他の人との交際において協力・和合して、人生の幸せや楽しみを増進します。完全な自由と絶対的な服従とをともに実現して、この世におけるいっさいの苦しみや患いを一掃します」[19]。

その趣旨は次のようにまとめることができるでしょう。精神主義は、この現実の世においていかに生きるかということに直接関わるものです。またそれは、自分の外にあるもの（不如意なるもの）を追い求めるものではなく、自分自身の内に充足を求めるものです。したがって煩悶や憂苦は精神主義にはありません。しかし他人を排斥するものではありません。むしろ他の人と協力・和合して、幸せや楽しみを増進しようとするものです。

五 「浜風」の時代と「ひゅうどろ」

「浜風」という号

先に記しましたように、清沢は真宗大学の経営を引き受け、「世界第一の仏教大学たらしめざる可らず」という理想に燃えてその運営にあたりました。そのため学生たちに対しても、真剣な学問への取り組みと真摯な宗教的修練とを求めました。教員免許取得の道を開かなかったこともその一つのあらわれです。しかし学生たちは納得しませんでした。また大学の主幹であった関根仁応《にんのう》の対応にも不満をもった学生たちが関根排斥運動を引きおこし、関根が辞職をしました。それを承けて清沢もまた大学を去る決意を固めました。明治三十五年十一月、浩々洞をあとにし、三河大浜の西方寺に帰りました。

それに先立って六月には長男の信一を、続いて十月には妻のやすを病気で失っていました。大浜への帰郷を前にして清沢は近角常観に「今年は皆んな砕けた年であつた。学校はくだける、妻子は砕ける、今度は私が砕けるのであらう」(20)とその思いを吐露しています。

こうして清沢は世俗の営みからすべて身を引きました。残るのは信仰のみでした。そのときに名のった号が「浜風《ひんぷう》」です。三十六年四月二十六日、亡くなる四十日ほど前のことですが、その日の日記に次のように記されています。「大浜は風の多き所なり……。仍《よっ》て記念の為浜風の号を作製す。以為《おもえら》く、病発予の如きものは、蓋《けだ》し、所謂幽霊の浜風に擬するも亦可ならんか」。

この言葉から、浜風という号は、大浜の地にちなんで付けられたことが分かります。直接の機縁は、海に面した大浜の地が「風の多いところであった」ということによります。しかし、もちろんそれだけではないでしょう。死を前にした病身の――清沢の言葉では、幽霊のような――我が身と、大浜の地を吹き抜けていく風――音を立てながら、しかし実体は何もない風――とが重ねあわされていたと言ってよいと思います。

「ひゅーどろと致します」

いま見たように、この日記で清沢は自分を「幽霊」のようなものだと記していますが、暁烏敏に宛てた手紙のなかでもその言葉を使っています。先の手紙より一カ月あまりあとの五月三十日に清沢は、「我は此の如く如来を信ず（我信念）」と題した文章を脱稿し、それを『精神界』に掲載するために浩々洞宛てに送っています（『精神界』には暁烏敏の判断で「我《わが》信念」という題で発表されました）。そしてあわせて六月一日に――それは死の五日前のことです――暁烏敏に宛てて次のように書き送っています。「「浜風」と云ふ号は近頃の得物であります。大浜は風の多き処と云ふ話から取りましたが、丁度小生の如き半死半生の幽霊には適当と感じて居ります。此の一号が又小生の今日迄の諸号を総合して居りますのも、自分には面白く存じます。諸号とは（在名古屋時）建峯、（在京都時）骸骨、（在舞子時）石水、（在東京時）臘扇の四つであります。是でひゅーどろと致します(21)」。

「浜風」という最後の号が、それまでのすべての号をいわば包摂しているというのもおもしろいですし、「是でひゅーどろと致します」というのも、たいへんおもしろい表現です。「ひゅうどろ」というのは、本来は芝居などで幽霊が出没するときに使われる効果音楽の響きを言葉で表したものです。しかし、ここでは、幽霊のような存在となった自分が浜風のように、あるいは浜風とともに消え去っていくことを、この言葉で表現したのだと考えられます。『清沢満之全集』が岩波書店から出版されたとき、その月報に上田閑照が「満之の「ひゅーどろ」」というエッセーを発表しました。そこで上田は「満之の「ひゅーどろ」から生死の限りない真実が響いてくる。この真実語を聞いて問が残るとすれば、「私たちはこのように生き抜けるか、このように死に逝くことができるか」という一問のみであろう[22]」と書いています。四十歳に満たない死を前にして「是でひゅーどろと致します」と言い放つことができた清沢の生き様、死に様が、この言葉によってきわめてよく言い表されているように思います。

「浜風」として終えた生涯

さて、しかし、清沢が「浜風」を自らの号にしたのは、ただ単に死を前にした自分と浜風とを重ね合わせてのことだけではないように思われます。先ほど「臘扇記」の「自己とは他なし、絶対無限の妙用に乗托して任運に法爾に此境遇に落在せるもの、即ち是なり」という言葉を引用しました。この言葉を使って言えば、絶対無限のはたらきにすべてを託す存在に本当の意味でなりえたという思いが、「浜風」という号のなかには込められているように思います。臘扇という場合、その身が扇に喩えられているわけですが、それがたとえ「臘扇」、つまり無用の扇であっても、扇であるかぎり、風を起こすものです。風を起こす扇であるのではなく、絶対無限のはたらきに乗托して風そのものになりえた、あるいは風となっていま去りゆくという思いが、「浜風」という号のなかには込められているように思われます。まさに「浜風」になって、清沢はその生涯を、学問と信仰の生涯を終えたのではないか、そのように言えるような気がいたします。

註

(1) 西村見暁『清沢満之先生』法藏館、一九五一年、四頁。
(2) 暁烏敏『清沢先生の信仰』無我山房、一九〇九年、八頁。
(3)『清沢満之全集』法藏館、一九五三—一九五七年、第一巻五四一頁。
(4)『清沢満之全集』法藏館、第一巻六一四頁。
(5)『清沢満之全集』法藏館、第二巻五六四頁。
(6) 広瀬杲編『両眼人——曽我量深・金子大栄書簡』春秋社、一九八二年、一一頁。
(7)『清沢満之全集』法藏館、第三巻六〇九頁。
(8)『清沢満之全集』法藏館、第三巻六八七頁。
(9) 西村見暁『清沢満之先生』五頁。

(10)『清沢満之全集』岩波書店、二〇〇二―二〇〇三年、第七巻二三頁。
(11)『清沢満之全集』法藏館、第五巻六二二頁。
(12)芭蕉「笈の小文」、『校本芭蕉全集』角川書店、一九六二―一九六九年、第六巻七五頁。
(13)『清沢満之全集』岩波書店、第八巻三六三頁。
(14)『清沢満之全集』岩波書店、第七巻三六四頁。
(15)『清沢満之全集』岩波書店、第八巻三六六頁。
(16)『清沢満之全集』法藏館、第八巻二九七頁。
(17)『清沢満之全集』法藏館、第八巻二五四頁。
(18)『清沢満之全集』法藏館、第八巻五〇六頁。
(19)『清沢満之全集』岩波書店、第六巻五頁。清沢満之『現代語訳 精神主義』藤田正勝訳、法藏館、二〇〇四年、一一頁。
(20)『清沢満之全集』法藏館、第八巻五六五頁。
(21)『清沢満之全集』法藏館、第八巻一七〇頁。
(22)『清沢満之全集』岩波書店、第二巻「月報2」六頁。

第二章　清沢満之の「信念」

一　清沢満之と『精神界』

第一章で書きましたように、宗門の改革運動が終熄して以降、清沢の意識は「信念の確立」に向けられていきました。その過程で「臘扇記」が書かれ、『精神界』などに多くの文章が発表されていったわけですが、これらの文章を通して清沢は、彼の「信念の確立」のプロセスがどのようなものであったのか、それを経てどのような「信念」を獲得したのかを率直に語っています。本章ではそれを手がかりに、宗教者としての清沢がどのような人であったのか、曽我量深の言葉を使えばどのような「信眼」をもった人であったのかを見てみたいと思います。

雑誌『精神界』

明治三十二（一八九九）年に、東本願寺の新法主の補導にあたるために上京した清沢満之の周りに、真宗大学を卒業したばかりの暁烏敏《あけがらすはや》や佐々木月樵《げっしょう》、多田鼎《かなえ》といった人々が集まり、共同生活を始めました。この信仰共同体は「浩々洞《こうこうどう》」という名で呼ばれました。この浩々洞が母体となって一九〇一年一月に雑誌『精神界』が刊行されました。清沢は晩年――晩年といっても、清沢の生涯は四十年に満たないものでしたから、現在の感覚では「晩年」と言えませんが――、主にこの雑誌を通して自らの思想や信仰について記した文章を発表しました。

すでに述べましたように、清沢は主に『精神界』の「精神界」と「講話」の欄にその文章を発表しました。「精神界」欄に発表された文章は、すべて無署名で発表されましたが、それは清沢のものであれ、他の人のものであれ、ある意味で、浩々洞という信仰共同体の全体の意見であり、その運動の方向を指し示すものであったからです。

『精神界』に発表された清沢の文章

清沢や浩々洞の同人たちは、彼らがめざす立場を「精神主義」という言葉で表現しました。この立場ないし主張はもともと清沢の信念から出たものです。しかしそれは、ただ単に清沢個人のものではなく、同時に、浩々洞という信仰共同体が全体としてめざしたものでもありました。「精神界」欄に発表された文章も、もちろん一人ひとりの同人が書いたものですが、同時にこの共同体が何をめざしているかを語った文章でもありました。この共同体が全体として、社会に向かって、言いかえれば、信仰を求める人々に向かって、信仰への道筋を示そうとした文章であったと言えます。その意味で、「精神界」欄に発表された文章は無署名で発表されたのだと思います。

それに対して、それ以外の欄に発表された清沢の文章には、清沢満之という署名が付されています。それらが、浩々洞全体の見解というよりも、清沢個人の信念の表明という性格をもっていたからです。清沢自身が歩んだ信仰の道筋と、清沢が最後に立った場所、あるいは最後に至りついた境地がそこで語られています。

清沢の信仰と「精神主義」

もちろん「精神主義」をめぐる論考と、清沢自身の信念を表明した文章とを、はっきりと区別することはできません。と言うのも、清沢自身の信仰それ自体が「精神主義」と名づけられるべき一つの立場であったからです。雑誌『精神界』を通して清沢が語ったいわゆる「精神主義」、そして共同体全体の見解として外に向かって語られた「精神主義」は、この清沢自身の信仰を前提として語られたものでした。

また逆に、清沢自身の宗教的信念について語ったという性格が強い文章でも、多くの人の目に触れる雑誌で発表されたものである以上、社会に向けて語られたという性格をもっていました。したがって、両者を厳密に分けることはできません。もちろん、清沢が自ら歩んだ信仰の道筋について語った文章と、信仰を求める人々に向かって、信仰への道筋を示すために語った文章とのあいだには、自ずから違いがあると言うこともできます。しかし、両者が相俟って、清沢の信仰を形成していると言えると思います。

一つ例を挙げますと『精神界』第三巻第二号に発表された「我以外の物事を当てにせぬこと」という文章のなかで清沢は次のように語っています。「無限の如来の客観的実在は兎《と》あれ角《かく》あれ、其如来《そのにょらい》の大悲《だいひ》の実現を我等《われら》は決して我等の信念以外に感ずることは出来ぬ。我等にとりては信の一念の外には如来はないのである。我等が信仰を精神主義と云ふのは此故《このゆえ》である」と述べています。いまの言葉で表現すれば、「無限の如来の客観的実在がどうであろうと、私たちは、その如来の大悲の実現を、私たちの信念以外のところで感じることはできません。私たちにとっては、信の一念のほかには如来はないのです。私たちの信仰を精神主義というのは、このためなのです(1)」ということです。「精神主義」と別のものとして、清沢の信仰があったわけではないということが、ここからもよく見てとれると思います。

二 「精神主義」とは何か

そういう意味で、まず清沢の言う「精神主義」が何であったのか、ということを見ておきたいと思います。

生の立脚地としての「精神主義」

雑誌『精神界』の第一巻第一号には、その冒頭に「精神主義」という文章が置かれています。これは清沢が執筆したものですが、清沢の信仰の核心を言い表した文章であると同時に、清沢を中心とする浩々洞の人々が「信仰はかくあるべし」として掲げた理念でもありました。この第一巻第一号巻頭の文章は、清沢の、あるいは浩々洞に集まった人たちの「精神主義」宣言ともいうべきものであったと言えます。

その冒頭で清沢は「吾人《ごじん》の世に在るや、必ず一の完全なる立脚地なかるべからず。若《も》し之なくして、世に処し、事を為さむとするは、恰《あたか》も浮雲の上に立ちて技芸を演ぜむとするものゝ如く、其《その》転覆を免るゝ能はざること言を待たざるなり(2)」と述べています。「立脚地」なしには私たちは生きていくことができないこと、それなしには何事をもなしえず、私たちの生は転覆を免れないこと、そして「精神主義」とはそういう意味での「立脚地」であることがここではっきりと言われています。

精神の充足

精神主義というと、哲学で言う唯心論と混同されやすいのですが、清沢はそれが唯心論などの哲学学説とはまったく異なるということをはっきりと述べています。つまり「精神主義」は世界を説明する理論ではなく、自己が実際に自分の人生を歩んでいく際の心のよりどころになるものだと言うのです。

それでは、精神主義というのはどのような立脚地、どのような心のよりどころなのでしょうか。それを清沢はこの「精神主義」という文章のなかで、精神の「充足」という言葉を手がかりに説明しています。

私たちは日々、自分の外にある何かを追い求めたり、他人に何かをしてくれるように要求したりして、それが実現できず、煩悶したり、苦しんだりします。自分の外に目を向け、外にあるものによって自分の心を満足させようとするわけですが、外にあるものは意のままにはなりません。手に入れることができないことも多く、また仮に手に入れられたとしても、そこにさらに大きな欲望が生まれてきます。そのために悩みや苦しみを経験するのです。

そのように目を外に向けるのではなく、内に向けること、言いかえれば、何ものをも追い求めず、何ものにも縛られない心の満足、精神の自由をもつことが、精神主義の要点であるというのです。

「精神主義」と時代との関わり

なぜ清沢はこのような立場を主張したのでしょうか。簡単には答えられませんが、一つ重要な点は時代との関わりです。

『精神界』の第一号が発表されたのは明治三十四（一九〇一）年ですが、清沢がなぜこの時期に「精神主義」という立場を唱えたのか、そのことを考える上で重要な手がかりになると思われるのは、浩々洞の同人の一人である安藤州一《しゅういち》が伝えている次の言葉です。「先生曰く、東京市中に行はれ居る積極主義は、金銭のために進むものなり名誉のために奮闘するものなり、衣食のために妄動するものなり、是を名づけて積極主義といふ。……此の弊を救ふの方法は、唯だ一つ消極主義あるのみ」(3)。

この言葉から明らかなように、精神主義の唱道は、金銭を追い求め、名誉を追い求めようとする人々の態度、あるいは文明化や進歩、富国強兵を叫んで止まない当時の風潮と強く関わっていたと言えます。そうした態度や風潮を清沢は総じて「積極主義」という言葉で呼んでいるのですが、それらはすべて自己の外に満足と安心とを求めようとするものです。しかし積極主義では結局、満足と安心とを得ることはできません。『精神界』に発表された「先づ須《すべか》らく内観すべし」という文章などで言われていますように、欲望は欲望を生み、新たな満足を求めてやむことがありません。外に満足と安心を求めれば、私たちは欲望のとりこになるほかはありません。

精神主義はこのような積極主義に対するアンチテーゼとして唱えられたものだと言ってよいと思います。明治というのは、すべての人が前に進むことだけを考えていた時代だと言えます。現代も似ているかもしれません。あるいは現代は、明治よりもいっそう人々が恥というような感覚を失って、しゃにむに金銭や名誉を求めるようになった時代だと言えるようにも思います。それはさておき、明治の風潮のなかで清沢は、前に進むことではなく、一歩退くことを主張したのです。それが清沢の言う「消極主義」であり、「精神主義」であったと言えます。

内観

では、一歩退くというのは、どういうことでしょうか。それは、目を外にではなく、内に向けること、清沢の言い方で言えば、「内観」です。外物にではなく、自己の精神のなかに充足を求めることです。そのような観点から清沢は「精神主義と三世《さんぜ》」と題した文章のなかで、次のように述べています。「精神主義は、自己の精神を第一義とし、其《その》精神が現在の境遇に満足して、自由自在に活動する処に、吾人は安住の地位を得べきことを唱導するなり(4)」。

このように目を内に向けて「安住の境地を得る」ことが、「精神主義」のめざすところです。しかし、「現在の境遇に満足して、自由自在に活動する」という「安住の境地」を私たちは具体的にどのようにして得ることができるのでしょうか。清沢は「内観」ということを言いますが、私たちが目を自分自身に向けることによってそこに実際に見いだすのは、そのような「自在の境地」ではなく、むしろ欲望、金銭や名誉を追い求めてやまない心、あるいは、おごり高ぶった心や、他人を見下したり、出しぬこうとする心、あるいは死を前にして恐れおののく心、こういったものではないでしょうか。そこにあるのは「自在の境地」にある自己ではなく、むしろさまざまなものにとらわれ、それに執着する自己です。そういう自己にまなざしを向けても、とうてい満足や安心を得ることはできないのではないでしょうか。

どうしてそこに「安住の境地」が可能になるのか、ということは非常に大きな、難しい問題です。あとでまた詳しく見てみたいと思いますが、清沢が言おうとしたのはおそらく、そのように迷い、煩悶することが現実であろうが、しかし、そういう者さえも――あるいはそういう者をこそ――救済しようという大いなるものの存在を感じとるとき、そこに心の充足が生まれるのではないか、そういうことではなかったかと思います。おそらくそこに「完全な立脚地」の獲得が可能になるということを言おうとしたのであろうと思います。

先ほど、清沢の言う「精神主義」が、積極主義に対するアンチテーゼという性格をもつということを言いました。精神主義は積極主義ではなく、消極主義の立場に立ちます。外に何かを求めたり、外に働きかけるのではなく、内にある迷いや煩悶の克服をめざします。

「精神主義」に対する批判

このような考えに対してはもちろん批判が出るかもしれません。実際、当時すでに多くの批判が寄せられたようです。『精神界』が刊行されたのとほぼ同じ頃ですが、仏教に依拠しながら積極的に社会の改革に取り組もうとした人々がいました。境野黄洋《さかいのこうよう》や田中治六《じろく》といった人々がその中心でしたが、『新仏教』という雑誌を刊行し、その理念の普及を図りました。その第二巻第三号に加藤玄智《げんち》という人の「常識主義と精神主義」(明治三十四年三月)という論文が掲載されています。そこで加藤は、「外観客観の存在を独《ひと》り主観精神の中にのみ没入し去らんとする精神主義(若くは内観主義)を排斥するものなり(5)」というように、精神主義の内面志向に対して明確な批判を展開しています。これは清沢の「精神主義」の根幹に関わる、重要な意味をもつ批判であったと言えます。

清沢はそのような批判がありうることに気づいていなかったわけではありません。むしろそのような批判を十分に承知していました。「精神主義」のなかですでに、「外物又は他人と交際して、自他の幸楽を増進することに至りては、精神主義は決して此事《この》を排斥せず、寧《むし》ろ反《かえっ》て之を歓迎するなり。……協共和合によりて、社会国家の福祉を発達せしめんことは、寧ろ精神主義の奨励する所なり(6)」と述べています。

ここからも分かりますように、清沢は社会との関わりを否定しているわけではありません。しかし同時に「自家の立脚をだも確《たしか》めずして、先づ他人の立脚を確めんとするの不当なるを信じ……」というようにも述べています。自分が立つところを確かめないで、先に他人の立つところを確かめようとするのは、まちがっているというのです。清沢はこのように、何よりもまず自己の立脚地を確実にすることを優先しなければならないということを強調しました。まず最初に、自ら迷妄や煩悶から脱し、精神の充足を得たあと、その解決を外に拡大していくというのが、清沢の考えであったと言えるでしょう。第一章で、真宗大学が東京に移転した際、清沢がその開校の辞で「自信教人信」ということを強調したことを見ましたが、そのことにも通じると言えます。

三　清沢満之の「わが信念」

遺稿「我信念」

さて、本章の題を「清沢満之の「信念」」としましたが、これはもちろん、清沢の絶筆となった「我信念《わが》」という文章を踏まえて、そしてそこで清沢の信念がきわめて率直に、そして明快に語られているということを踏まえてのことです。この清沢の絶筆となった文章は短いものですが、しかし文字通り、清沢の「わが信念」を表明したものとして、重要な意味をもつ文章です。

この「我信念」の原稿を清沢は死のちょうど一週間前に書き上げ、『精神界』の編集を担当していた暁烏敏に送りました。その際、暁烏に宛てて清沢は、この原稿が「自分の実感の極致」を言い表したものであるということを記しています。清沢が最後にたどりついた立場、その信念がここに言い表されていると言えます。

この「我信念」という題は清沢自身が付けたものではありません。清沢の原稿では「我は此《かく》の如く如来を信ず（我信念）」となっていました。雑誌掲載の際に（そのときすでに清沢は亡くなっていました）暁烏敏が「我信念」という題にしたのです。

「絶対の信任」

この「我信念」のなかで清沢は、かつて人生の意義についてさまざまに思索を重ねたこと、つまり、何が善であり何が悪であるか、何が真理であり何が非真理であるか、何が幸福であり何が不幸か、といった問題をめぐって、さまざまに探究したことを告白しています。あるいは倫理や道徳を可能なかぎり実行しようと努めたことを語っています。そこで清沢が経験したのは、「人生の意義は何か」という問いに関して言えば、その「不可解」ということでした。倫理や道徳の完全な実行ということに関して言えば、その「不可能」ということでした。一言で言えば、「自力の無功」ということを清沢は経験したのです。

もう「頭の挙げやうのない様に」なったところで、いっさいのことに関して、「如来を信じ」、「如来を信頼する」に至ったこと、そのことを清沢は自分の信仰の核心であり、要点であると述べています。この「頭の挙げやう」がないがゆえに、無限の存在にすべてを委ねるということを、清沢は、別の文章のなかでは、「只一すぢに如来にたよる」(「宗教的信念の必須条件」)とか、「絶対の信任(たのむ)」(「臘扇記」)とか言い表しています。この「絶対の信任」ということが、清沢の信仰の要であったと言えます。

先ほどいかにして「安住の境地」に至りうるかという問題との関わりで、迷い、煩悶してやまない者を救済しようとする大いなるものの存在を感じとるとき、そこに心の充足が生まれるのではないかと言いました。もう「頭の挙げやうのない様に」なったとき、清沢はこの大いなるものの存在に、そしてその「大悲」に触れたと言えるのではないでしょうか。この大いなるものの力にすべてを委ねることによって「大安楽と大平穏」を得たことをこの「我信念」のなかで清沢は記しています。

何らの力もなく、「どちらへも身動き一寸することを得ぬ私」に対して「此世界に生死することを得せしむる能力の根本本体[7]」に対して「只一すぢにたよる」こと、これこそが清沢の信仰の要であったと言えます。

四　修養

禁欲主義

このように、この「我信念」という文章のなかで、清沢は自らの「信念」、つまり自らの信仰について直截に、そして簡潔に語っています。しかし、そこに私たちの注意を引くいくつかの事柄があります。そのことについて少し考えてみたいと思います。

一つは、『精神界』に発表された清沢の文章で、しばしば「修養」という言葉が出てくる点です。「只一すぢにたよる」と言われているのに、どうして「修養」ということが言われるのでしょうか。「修養の道に邁進する」という表現も出てまいります。「絶対の信任」ということが言われながら、どうして「修養の道に邁進する」必要性があるのでしょうか。

清沢の生涯を語るときに、つねにもちだされるものに「ミニマム・ポシブル」（minimum possible）という言葉があります。第一章でも触れましたが、「可能な限り小さなもの（少量のもの）」という意味の言葉です。清沢は明治二十三年に京都府尋常中学校の校長職を辞した頃からきわめて厳格な禁欲生活を送るようになりました。その生活を清沢自身が「ミニマム・ポシブルの実験」と呼んだのです。塩を断ち、煮炊きをやめ、そば粉を水に溶かして食するという生活であったと言われています。おそらく僧たるものの本来の姿を示そうとしたのでしょう。初期の清沢はこのような禁欲主義をその信条としていました。

他力と修養

それに対して、『精神界』に発表した文章のなかで言われる「修養」は、このような禁欲主義的な、言いかえれば、自力的な修行のことではありません。もう「頭の挙げやうのない」がゆえに、すべてを無限の存在に委ねるという立場で言われる「修養」です。しかし、そのような「絶対の他力」の立場において、いかなる意味で「修養」が問題になるのでしょうか。

おそらくこういうことではないかと私は考えています。たとい私たちが私たちを包む大いなるものの存在を感じ取り、それにすべてを委ねるという境地に立ちえても、しかし、私たちは、そこからすぐに離れる、あるいはそこからすべり落ちてしまうことがあると思います。いったん清沢が言う意味での心の充足を覚えても、すぐに快楽や苦痛が、あるいは迷いや煩悶が生まれてくるのではないでしょうか。私たちにとって、おごりやねたみを感じたり、生に執着したりするのはごく普通のことです。そういったものから完全に自由になることは、決して簡単なことではありません。「如来を信じ」、「如来を頼る」ということがいったん成立しても、そこからすぐに離れてしまうのです。そのために、つねにそこへと立ち返る努力をしなければなりません。そのことを清沢は「修養練磨」という言葉で言い表したのではないかと私は考えています。

「自ら慎むこと」と「他を恕《ゆる》すこと」

ただ、その努力は、いわゆる自力の立場に立つことではありません。しかし当時、実際にはそういうふうに受け取られ、「修養」の必要性を語る清沢は自力の立場に立つのではないかという疑問が呈せられたようです。清沢は『精神界』に「精神主義と他力」と題した文章を発表していますが、これはそのような疑問に答えるために書かれたものです。

では、他力の立場において「修養の道に邁進する」とはどういうことなのでしょうか。それは結局、自己がおごりやねたみを感じ、生に執着し、死を嫌悪する存在であること、つまり「罪悪生死の凡夫」であることを自覚することにほかならないでしょう。その自覚の上に立って、人間の理解を超えた大いなるもののはからいに身を委ねることであると言えると思います。

晩年の清沢は「ミニマム・ポシブル」という若き日の信条を「自力の迷情」として退けますが、しかし、彼は晩年も変わることなくストイックな人でありつづけました。浩々洞に集った弟子の一人である多田鼎がのちに、清沢の人となりを「自ら慎むこと」と「他を恕すこと」という二つの言葉を使って表現しました。この二つが一つになったところに清沢満之という一人格があったことを述べています(8)。清沢のもとには多くの人が集まりましたが、このようなところに清沢の人を惹きつける魅力があったのではないでしょうか。そして清沢が「慎み」の人であったということと、彼が生涯「修養」の必要性を説いたこととは、深く関わっていると思います。一度心の充足を覚えても、言いかえれば安心を手にしても、野放図であれば、そこから迷い出し、かぎりなく滑り落ちていくことになります。それを避けるためには、己れを慎み、もとの充足へと立ち返る努力をくり返し行わなければなりません。「修養」とはそのことを意味しているのではないかと私は考えています。

五　生と死

「如意」と「不如意」

そのように言っても、さらに重ねて疑問が呈せられるかもしれません。いかに己れが「罪悪生死の凡夫」であることを自覚しても、そのことから、つまり、生に執着し死を嫌悪する存在であることから脱却することはできないのではないかという疑問が呈せられるかもしれません。確かにそうであると言えますが、まさにその点に関して清沢は「如意」と「不如意」ということを問題にします。

清沢は『歎異抄』と『阿含経』と並んで古代ギリシア・ストア派の哲学者エピクテートスの『語録』を「余の三部経」として挙げたことが知られていますが、「臘扇記」においてこのエピクテートスの『語録』からくり返し抜き書きを行っています。「如意」と「不如意」というのは、このエピクテートスの『語録』から触発されて清沢が使った言葉です。

たとえば明治三十二（一八九九）年に書かれた『有限無限録』のなかに収められた「病者に対して示すためエピクテトス氏の言を書き送れと井上豊忠《ぶんちゅう》兄より来書ありしゆへ左の数項を書き送る」と題した文章のなかで次のように言われています。「意の如くなるものあり、意の如くならざるものあり。……（畢竟）自に属するものと、然《しか》らざるものとなり。如意なるものに対しては、吾人は自在なり……。不如意なるものに対しては、吾人は脆弱なり……。此区分を誤想するときは、……吾人は妨害に遭ひ、悲歎号泣に陥り神人を怨謗《えんぼう》するに至るなり、如意の区分を守るものは……人をも誹《そし》らず天をも怨みず人に傷けられず人を傷けず天下に怨敵《おんてき》なきなり[9]」。

また、同じ年の十月十二日付けの稲葉昌丸宛の書簡のなかでは、次のように記しています。「死生命〔定め〕あり、富貴天にあり、是れエ氏〔エピクテートス氏〕哲学の要領に有之様被《これあるようおもわ》思候《れそうろう》」。「死生命あり、富貴天にあり」というのは『論語』「顔淵篇」の言葉であり、死や生も、また富貴も、天から与えられるものであり、人間の力を超えているという意味ですが、不如意なものにいたずらにとらわれないというところに、清沢はエピクテートスの思想の核心を見いだしたのです。

そして彼の絶筆となった「我信念」のなかでも、この「死生命あり、富貴天にあり」という言葉を引用し、この最後の文章を閉じています。「私は私の死生の大事を此《この》如来に寄託《きたく》して、少しも不安や不平を感ずることがない。「死生命あり、富貴天にあり」と云ふことがある。私の信ずる如来は、此天と命との根本本体である[10]」。清沢がエピクテートスの思想を、単なる学問の対象としてではなく、自らの信仰と深く関わるものとして受け取っていたことがここから分かります。

エピクテートスの「エクステルナルス」

清沢の「信念」がどのようなものであったかをよく示す文章として、この「我信念」とともに注目されるのは、「絶対他力の大道《だいどう》」という文章です。これは雑誌『精神界』の「精神界」欄に無署名で発表されましたが、もともとは清沢の日記である「臘扇記」のなかにあったものです。清沢自身の信仰を端的に表現した文章であると言えます。

そのなかで清沢は次のように語っています。「我等は死せざる可からず。……然《しか》れども生死は我等の自由に指定し得るものにあらざるなり。……然れば我等は、生死に対して喜悲すべからず。生死尚ほ然り。況《いわ》んや其他の転変に於いてをや(11)」。ここでも生死が意のままにならないこと、つまり意の外にあることが言われています。エピクテートスの言葉を使えば、「エクステルナルス」(externals「外なるもの」)であることが言われています。意の外なるものに――その例として清沢は妄念と、他人と、外物とを挙げています――惑わされてはならないということこそ、清沢がエピクテートスから学んだことでした。清沢が「余の三部経」の一つとしてエピクテートスの『語録』を挙げるのは、この如意／不如意をめぐるエピクテートスの思想が、つねに死と向きあって生きてきた清沢にとって特別な意味をもつものとして受けとめられたからだと考えられます。

「死生、憂ふるに足らず」

このような生死の理解を踏まえて、「絶対他力の大道」のなかで、清沢の信仰の核心を言い表した次の言葉が語られています。「自己とは他なし、絶対無限の妙用《みょうゆう》に乗託《じょうたく》して、任運に、法爾《ほうに》に、此現前の境遇に落在せるもの即ち是なり。只夫《そ》れ絶対無限に乗託す。故に死生の事、亦憂ふるに足らず。……絶対無限の我等に賦与《ふよ》せるものを楽しまんかな」(12)。絶対無限の巧みな働きに身を任せて乗り、運命のままに、あるがままに、この現在の境遇へと落ち来たったもの、これが自己である。自己はただただ絶対無限の働きに身を任せ乗っているのであり、したがって死や生のことも憂える必要がない、絶対無限が私たちに与えたものをひたすら楽しみましょうと言われています。清沢満之の「信念」がいかなるものであったのか、言いかえれば、死を前にした清沢の「実感の極致」がいかなるものであったのかが、ここにはっきりと表現されていると思います。

六　信のほかに如来はない

信仰内容のリアリティ

清沢の信仰ということと関わってさらにもう一点、注目したい点があります。先ほど「我以外の物事を当てにせぬこと」という清沢の文章から引用をしましたが、そこで次のように言われていました。「無限の如来の客観的実在は兎あれ角あれ、其如来の大悲の実現を我等は決して我等の信念以外に感ずることは出来ぬ。我等にとりては信の一念の外には如来はないのである。我等が信仰を精神主義と云ふのは此故である」。

ここでも清沢の信仰が飾り気なしに、率直に語られています。そこで注意を引くのは、「我等にとりては信の一念の外には如来はないのである」という文章です。これはどういう意味でしょうか。

「我以外の物事を当てにせぬこと」のなかで清沢は、如来は、あるいはより広く宗教一般について言えば、その信仰の内容は――たとえばキリスト教で言えば「神」は――、客観的に存在するものとして説明したり、議論したりできないということを述べたあとで、いまの文章を記しています。そのことを考えあわせると、信仰内容のリアリティは信念のなかにしかないということが、そこで言われていることが分かります。

清沢が『精神界』に発表した文章のなかに「宗教は主観的事実なり」というものもありますが、清沢はそこでも、宗教的信仰の内容は、客観的な仕方で研究されたり、客観的な事実によって証明されたりするものではなく、そのリアリティはあくまで信仰する心の内にあることと主張しています。私たちの心を離れて信仰のリアリティはないというのが、清沢の考えでした。

「実なるがゆえに信ずるにあらず、信ずるが故に実なり」

「宗教は主観的事実なり」という文章のなかで、清沢はこの問題を、さらに「神仏が先か、信が先か」という問題として議論しています。そしてこの問いに対して、「私共は神仏が存在するが故に神仏を信ずるのではない、私共が神仏を信ずるが故に、私共に対して神仏が存在するのである」[13]というように答えています。清沢はさらっとそのように書いていますが、仏教の立場に立っても、キリスト教の立場に立っても、すっと飲み込める言葉ではないと思います。しかし、宗教的な信仰とは何かということを考える上で、非常に重要なことがそこで語られていると思います。

「神仏が存在しているから、それを信じるのではない」と清沢ははっきり言います。「仏さんがいるから、それを信じるのではなく、信じるから、仏さんがいる」と言うのです。ある意味で、仏教を、あるいはキリスト教を、さらに言えば宗教全般を否定する可能性さえはらんだ表現であると言えます。清沢はこの言葉でどういうことを言おうとしたのでしょうか。

もし神仏が先に存在しているのであれば、そのリアリティは、私たちの信仰とは関わりなく、その外に、客観的に存在していることになります。私たちが信仰しているか否か、信心をもっているか否かにはかかわらず、宗教というものが成り立っていることになります。もし仮にそういう立場に立てば、キリスト教の神と仏教で言う仏と、どちらに宗教的なリアリティがあるのか、というようなことが問題になってきます。それは宗教間の深刻な対立につながる可能性をはらんでいます。

清沢はそのような宗教の理解を否定したのです。別の言い方をすれば、私たちが信心をもっていなくても成り立っているような宗教には意味がないと考えたのです。宗教のリアリティは、あくまで信じるという行為、あるいは信じるという出来事のなかにあるということです。そこを離れては、いかなる意味でも宗教的なもののリアリティはないというのが清沢の考えであったと言うことができます。そのことを清沢は「宗教は主観的事実なり」という文章のなかで、「実なるがゆえに信ずるにあらず、信ずるが故に実なり」というように言い表しています。先に引用した「我等にとりては信の一念の外には如来はないのである」という文章は、このことを言いかえたものにほかなりません。

信のなかにある「衆生の要求」こそが宗教の原理

この問題は清沢の信仰にとって大きな意味をもった問題であったようです。その問題を清沢は弟子たちにも突きつけました。たとえば曽我量深《りょうじん》も、清沢からその問いを突きつけられた一人でした。曽我は大谷大学の学長も務めた人ですが、その学長職にあったときに、大谷大学で「我如来を信ずるが故に如来在《まし》ます也」という題で講演をしました。そしてそのなかで、明治三十四年頃、清沢が東京にあった真宗大学の学生たちに、「如来がましますから私たちが信ずるのか、私たちの人生における根本的な要望というものがあって、それにこたえて如来があらわれてくだされたのであるか」、簡単に言えば、「如来が先であるか、私たちが先であるか」という問題を与えたということを語っています(14)。

そしてこの「我如来を信ずるが故に如来在ます也」という講演のなかで曽我は、この問いに対して、衆生の救いを求める声があって、はじめて如来の現前があるのだという答えを示しました。「我如来を信ずるが故に如来在ます也」というタイトルはそのことを言い表したものです。この答えは、清沢の「我等にとりては信の一念の外には如来はないのである」という言葉を言いかえたものだと言ってよいでしょう。

この講演で曽我は、この清沢から与えられた問いを長いあいだ忘れていたと語っていますが、決してそうではないだろうと思います。曽我はたくさんの著作を残しましたが、そのなかでももっとも重要なものの一つに、昭和八年に出版された『本願の仏地』というものがあります。この『本願の仏地』を貫くものは、この「我如来を信ずるが故に如来在ます也」という考えであったと言うことができます。たとえば曽我はそのなかで、自分を助けてくれる仏さまを外に求めていくようなものは信仰とは言えない、それでは単なる迷信にすぎないということを語っています。具体的には、「信の中に信の内容として仏さまがないものだからして、仏さまをば外に求めて行く。外に求めて行ったのでは本当の仏さまは得られない」[15]と語っています。曽我の考えでは、信のなかにある「衆生の要求」こそが「仏さまの原理」なのです。人々の「救いを求める声」がなければ、宗教というものは成り立たない、と言ってもよいでしょう。清沢が「我等にとりては信の一念の外には如来はないのである」という言葉で語ろうとしたのは、まさにこのことであったと私は考えています。

「わが信念」

清沢満之の言う「わが信念」ということをめぐって考えてきました。「信念」と言いますと、私がたまたま抱くに至った宗教的信条とか、心構えとかいう印象がありますが、しかし、清沢の言う「信念」は、そういう私がたまたま手にした心のあり方、心のもち方のようなものではありません。そうではなく、「救いを求める声」に応じて、「信の中に信の内容として仏さま」が、「実なる」ものとして現れるということ、このリアリティが「信念」という言葉で言い表されたと言えます。「わが信念」の「わが」という言葉の方に注目すると、私がこの信念をどうにでもできるように響きますが、決してそうではないと思います。いま言ったリアリティの動かしがたさが、「信念」という言葉のなかには表現されていたと考えられます。

註

（1）『清沢満之全集』岩波書店、第六巻一三九頁。清沢満之『現代語訳 精神主義』法藏館、六二―六三頁。
（2）『清沢満之全集』岩波書店、第六巻三頁。『現代語訳 精神主義』七頁。
（3）『清沢満之全集』法藏館、第八巻二九六頁。
（4）『清沢満之全集』岩波書店、第六巻九二頁。『現代語訳 精神主義』一五四頁。
（5）加藤玄智「常識主義と精神主義」、『新仏教』第二巻第三号、一九〇一年、一一五頁。
（6）『清沢満之全集』岩波書店、第六巻四頁。『現代語訳 精神主義』一一六―七頁。

（7）『清沢満之全集』岩波書店、第六巻一六二頁。『現代語訳　わが信念』一〇七頁。
（8）『清沢満之全集』法藏館、第八巻二四三頁。
（9）『清沢満之全集』岩波書店、第二巻一〇九頁。
（10）『清沢満之全集』岩波書店、第六巻一六四頁。『現代語訳　わが信念』一一一頁。
（11）『清沢満之全集』岩波書店、第六巻一一一頁。『現代語訳　精神主義』六八頁。
（12）『清沢満之全集』岩波書店、第六巻一一〇頁。『現代語訳　精神主義』六六―六七頁。
（13）『清沢満之全集』岩波書店、第六巻二八四頁。『現代語訳　わが信念』一五頁。
（14）『曽我量深選集』弥生書房、一九七〇―七二年、第十二巻一四三頁以下。
（15）『曽我量深選集』第五巻二三三―四頁。

第三章　倫理と宗教のはざま――時代の流れとの接点で

一　清沢満之における「倫理と宗教」の問題

「絶対の信任」という立場と倫理の問題

清沢満之は、すでに述べたように明治三十三（一九〇〇）年に浩々洞《こうこうどう》という信仰共同体を暁烏敏《あけがらすはや》や佐々木月樵《げっしょう》らとともに作り、翌年、雑誌『精神界』を刊行しました。そして亡くなるまでの二年半、主にこの雑誌を通して自らの思想を発表しました。それを読んで気がつくことの一つは、彼がこの時期、道徳と宗教の問題に非常に強い関心を寄せていたことです。

明治三十六年、清沢が亡くなった年に浩々洞の一員となった曽我量深《りょうじん》も、清沢の思想的な営みをふり返って、「清沢満之先生の一代の努力といふものは、畢竟ずるに道徳といふものと宗教といふものの違ひを明らかにするといふことに尽きてをつたやうであります(1)」と述べています。晩年の清沢の関心の所在を的確に指摘した言葉であると思います。

　他方、清沢は、晩年の日記である「臘扇記」に「絶対の信任（たのむ）」という言葉を記しています。自らの信仰の立場を、絶対無限者という哲学的な表現を使って、絶対無限者へのまったき依存（信任）という言葉で表現しました。また、そういう立場に立つときには、すべてを絶対無限者に委ねるのであり、自分自身に引き受けるべき責任はないということ、つまり、ひとすじに絶対無限者に頼る者は「無責任」であると主張しています。

「無責任」という言葉は、道徳や倫理を否定した言葉であるように見えます。実際、そのような非難が清沢に対してなされました。しかしはたして清沢は道徳や倫理を無視したのでしょうか。その点について以下で見ていきたいと思います。

宗教と倫理との結びつき

　モーセの十戒やブッダの五戒などの例に見られますように、宗教はたいていの場合、そのなかに倫理的な戒めを含んでいます。含んでいるだけでなく、両者は深く結びついており、二つをはっきりと切り分けることは困難です。

　たとえば『コーラン（クルアーン）』のなかに、「みな争って神様のお赦しを手に入れるように努めよ。それから、敬虔な信者のためにしつらえられた、あの天地ほどの広さのある楽園をも。それは、嬉しい時も悲しい時もよく喜捨を出し、怒りを抑え、人に（何か危害を加えられても）すすんで赦してやる人達のこと。アッラーは善をなす人々を好み給う」[2]という言葉があります。貧しい人々に施しをし、怒りを抑え、人を赦すことが、アッラーの赦しを得るための前提とされています。ここにもはっきりと見られるように、多くの場合、宗教と倫理とは切りはなしがたく結びついています。

しかしながら他方、倫理的な戒め、たとえば生あるものを殺さないとか、あるいは他者に寛容であるということ、そうした戒めを守ることがそのまま宗教であるとは言えません。倫理はそのままでは宗教ではありません。両者は切りはなしがたく結びついてはいますが、しかし同一ではありません。

そこからつねに、宗教と倫理とがどう関わっているのか、あるいはどう関わるべきなのかが、古くから問われてきました。これらの問題についてさまざまな答えが提示されてきましたが、これが正解だというものが出されているわけではありません。難しい問いですが、しかしきわめて重要な問いです。宗教の存立そのものにも関わってくるからです。だからこそ、多くの人が両者の関わりについて深い思索をめぐらしてきました。

清沢満之もそういう人の一人でした。本章では「倫理と宗教のはざま」という題でそういう角度から清沢満之の思想に迫ってみたいと思います。まさにこの「倫理と宗教」という問題が清沢の思索の根底にあったこと、それが彼の信仰に深い影響を与えていたことを明らかにしたいと思います。その前提として、まず最初に、宗教一般においてこの問題がどのように問われてきたかを見ておきたいと思います。

二　倫理と宗教――キリスト教の場合

律法

キリスト教でも、イスラームでも、仏教でも、つねに倫理と宗教との関わりが問題にされてきました。そしてとくにキリスト教やイスラームでは「律法」、つまり経典のなかに記された宗教上の、また生活上の命令や掟に、重要な位置づけが与えられており、そのためにつねに倫理と宗教との関わりが大きな問題として問われてきました。

ただ、同じキリスト教でも、旧約聖書と新約聖書では律法の位置づけに大きな違いがあります。よく知られているように、イエスは律法の形式的な遵守に腐心する人々を「白くぬった墓」(「マタイによる福音書」二三・二七)という言葉で批判しました。そうしたイエスの考えを承けて、パウロは「ローマ人への手紙」のなかで「キリストは、すべて信じる者に義を得させるために、律法の終りとなられたのである」(一〇・四)と述べています。キリストの福音が律法からの解放であり、キリストの出現とともに律法の時代が終わりを告げ、新しい時代が始まろうとしているという意識をパウロがもっていたことを、この文章はよく示しています。

しかし「マタイによる福音書」にはイエスの次のような言葉が見えます。「わたしが律法や預言者を廃するためにきた、と思ってはならない。廃するためではなく、成就するためにきたのである」(五・一七)。この言葉が示すように、新約聖書においても律法が否定され、排除されたわけではありません。むしろそこに新しい意味が与えられたと言うことができます。そのため、ここでキリストによって律法が「成就され、完成される」ことが言われているのです。

その新しい意味を、たとえば「ヨハネによる福音書」は次のように言い表しています。「わたしは、新しいいましめをあなた方に与える。互に愛し合いなさい。わたしがあなたがたを愛したように、あなたがたも互に愛し合いなさい」(一三・三四)。ここからはっきりと見てとれるように、新約聖書においても「いましめ」に重要な意味が与えられていました。ただ、そこには、旧約聖書とは違い、「愛」という新しい意味を注がれたと言うことができます。

ここでは旧約聖書においてよりも、よりいっそう深く、内面的に倫理と宗教とが結びつき、一体になっていると言ってもよいでしょう。

三　仏教における「倫理と宗教」の問題

シュヴァイツァーの仏教に対する批判

キリスト教の場合と比較したとき、仏教では、必ずしも倫理の問題は十分に問われてこなかったと言えるかもしれません。実際、その点をめぐって、キリスト教の側から、しばしば批判が加えられてきました。一例としてアルベルト・シュヴァイツァー（Albert Schweitzer, 1875-1965）の批判を取りあげてみたいと思います。シュヴァイツァーはアフリカのガボンで医療活動に携わったことで知られていますが、同時に神学者でもあり、哲学者でもありました。『キリスト教と世界の宗教』（*Christentum und Weltreligionen*）という著作のなかでシュヴァイツァーは、仏教について、まずそれが、生成と消滅の循環——輪廻のことです——のなかに生じるすべてのものが苦悩に満ちているという世界観に立脚していることを述べています。そしてそこから抜け出るために、仏教では現実の世界から離れ、純粋な精神性として生きることが求められていること、言いかえれば、無為、無関心のうちに生きることが理想とされていることを述べています。そのために人倫的な意志も行為への熱情も生まれないというように、仏教の非倫理性を批判しています(3)。

仏教における倫理

確かに仏教では「空」ということが強調されます。たとえば『金剛般若波羅蜜経』の「一切の有為法〔因縁によって形作られたすべてのもの〕は、夢・幻・泡・影の如く、露の如く、また、電の如し。まさにかくの如き観を作すべし(4)」という言葉などに見られるように、すべての存在には、それに固執すべき実体がないことが強調されます。そしてそこから離れ、心を清浄に保つ必要性が語られます。

このような面に注目すれば、確かにシュヴァイツァーの批判が当てはまるように思います。しかし、仏教においても倫理がまったく視野の外に置かれていたわけではありません。仏典のうち、もっとも古いものの一つである『ダンマパダ〔真理のことば〕』のなかでも、「すべて悪しきことをなさず、善いことを行ない、自己の心を浄めること、——これが諸の仏の教えである(5)」と言われています。悪のもとには、おそらく「殺生」「盗み」「みだらな行い」「うそをつくこと」「飲酒」を禁じたブッダの「五戒」などが考えられていたでしょうが、そのような倫理的な規範が、仏教の根本の教えと不可分のものとして理解されていたことが、ここからも見てとれます。

四　慈悲

智慧

それとともに仏教では、「慈悲」ということが重視されました。もちろん仏教では自己の救済が重視されます。キリスト教と比較したとき、その面が前面に出ています。仏教ではさまざまな苦を引きおこす煩悩の火を消すことによって、ニルヴァーナ（涅槃）という安らぎの境地に至ることが、いちばん大切な問題として考えられてきました。ここだけを見ると、シュヴァイツァーの批判が当てはまるように見えます。

そして、このニルヴァーナ（涅槃）に至るためには、真理（dharma, ダルマ）を把握する必要があることが強調されます。初期の仏教経典は、ブッダが悟った真理（ダルマ）を、「これがあるとき、これがある。これが生起するから、これが生起する。これが無いとき、これが無い。これが滅するから、これが滅する」[6]という言葉を使って言い表しています。すべてのものはさまざまな原因と条件（因と縁）があって生じます。あるいは、他のものに支えられて、そして支えあって成り立っています。芦束をたとえに使えば、一つの芦束は立てることができませんが、二つを束ねると立てることができます。このように、すべてのものは、支えあうことによって存在しています。この「縁起」と呼ばれる思想は、仏教の根本的な世界観を言い表したものと言うことができます。

「縁起」は、原因と結果の系列としてとらえることもできます。そもそもブッダが出家をした原因は、老病死、つまり老い、病気になり、死ぬという、人間が避けることのできない苦に出会ったからだと言われています。どうして苦が生まれるのか、その原因を探ることが、ブッダにとって大きな問題でした。この苦の原因の系列を『阿含経』などの初期の経典は、十二縁起として説明しています。

それによれば、生老病死という四苦は、人が渇愛を、つまりのどの強い渇きのように、おさえようない深い欲望を抱くことから生まれます。そしてそれは、結局、無明《むみょう》に、つまりこの世界を貫く真理（ダルマ）について無知であることに基づきます。この無明を脱しなければ、苦を免れることができないことを、十二縁起は示したわけです。

慈悲

このように仏教では、真理を把握する智慧が重視されます。しかし、それだけでなく、同時に「慈悲」にも重要な意味が与えられています。慈悲ということが強調される背景にも、やはり、すべてのものは、互いに関わりあい、支えあって成り立っているという縁起の思想があったと考えられます。このような認識に基づいて、生きとし生けるものをすべて差別なくいつくしむという慈悲の精神の大切さが言われます。

最古の仏典の一つとされる『スッタ ニパータ』（*Sutta Nipata*）という経典がありますが、そこでもブッダが次のように語ったと記されています。「あたかも、母が己《おの》が独り子を命を賭けても護るように、そのように一切の生きとし生けるものどもに対しても、無量の（慈しみの）こころを起すべし」[7]。この、母が自分の子を守るように、生きとし生けるものに対して限りない「慈しみのこころ」を起こせという言葉に、仏教の「慈悲」の精神がよく表現されています。ここに仏教の倫理の根本原理が表現されていると言ってよいでしょう。

仏教の言う慈悲とは、結局、他人に親愛の情を注ぎ、楽しみを与えること、そして他人の苦しみを取りのぞくことを意味していると言えます。それは、伝統的に「抜苦与楽」という言葉で表現されてきました。仏教では、以上で述べた智慧と慈悲とが、いわば車の両輪となり、その信仰を支えてきました。

以上見てきましたように、キリスト教においても仏教においても、宗教と倫理とは強く結びついています。両者を切り離して理解することはできません。それは、宗教が、倫理的な側面をその内にもつことによって、はじめてその信仰を軸とする共同体を維持することができたことを示しています。倫理と結びつくことで宗教は成り立ちえた、あるいは存続しえたと言えると思います。

五　時代のなかで問われた「道徳と宗教」の問題

教育勅語体制の確立

さて、清沢満之における道徳と宗教の問題に戻りたいと思いますが、それは清沢にとって、もちろん純粋に信仰に関わる問題でもありましたが、同時に、当時の政治的な状況にも深く関わるものでした。その点をまず見ておきたいと思います。

維新後、明治政府は天皇を神格化し、統治の軸とするとともに、神道を政治と国民教化の基盤にした国家建設を行おうとしました。その背後に、西欧列強の圧倒的な力を前にして、それに対抗しうる国家を早急に作りあげたいという意識があったことは言うまでもありません。いわゆる「国家神道」は、そのようなナショナリズムを背景として創出された「独自の宗教的形態であった」[8]と言うことができます。

それを踏まえ、さらに国民の国家への統合をいっそう強化するために出されたのが「教育ニ関スル勅語」(明治二十三年)、いわゆる教育勅語でした。それは国民の訓育をめざすものでもありましたが、基本的には天皇制国家を思想面から支える役割を担うものでありました。

そしてアカデミズムの側からその普及、浸透に積極的に関わったのが、勅語発布の年にドイツ留学から帰国し、日本人としてはじめて帝国大学文科大学の哲学教授に就任した井上哲次郎でした。帰国の翌年、つまり勅語発布の翌年に井上は文部大臣芳川顕正の委嘱を受けて『勅語衍義』（明治二十四年）を著し、勅語が意味する内容の解説を試みました。そのなかで井上は、西欧列強に対抗しうる力をもつためには民心の結合こそが必要であること、そしてそのためには「孝悌《こうてい》忠信ノ徳行ヲ修メテ、国家ノ基礎ヲ固クシ、共同愛国ノ義心ヲ培養(9)」することが何より重要であることを強調しています。

教育勅語体制のなかでの宗教批判

このような立場から井上は、同時に、宗教（キリスト教）を厳しく批判しました。内村鑑三のいわゆる不敬事件をきっかけに書かれた『教育ト宗教ノ衝突』（明治二十六年）のなかで井上は、キリスト教の非国家主義的性格に対して徹底した批判を加えました。井上の理解では、教育勅語は日本の伝統的な実践倫理を文章化したものであり、それを貫くものは、「一旦緩急アレハ義勇公ニ奉シ以テ天壌無窮《てんじょうむきゅう》ノ皇運ヲ扶翼《ふよく》スヘシ」という言葉に端的に表現されている国家主義でありました。それに対してキリスト教は万国共通の教えに立脚したものであり、また地上の国家ではなく天の国を立てようとするものです。そのような意味で国家主義とは根本において相容れないということを井上はここで強調したのです。またその倫理は「出世間的」な倫理であり、忠孝を軸にした「世間的」倫理とは根本的に異なるものであると主張し、キリスト教の倫理に対して厳しい批判を加えました。

この批判は内村鑑三のいわゆる不敬事件をきっかけに書かれたものであり、批判の矛先はキリスト教に向けられていましたが、しかしその批判の内容は仏教にもあてはまるものでした。以上のような批判が仏教にも向けられうることは、仏教の側でも十分に意識されていました。それを免れるために浄土真宗でもちだされたのが、いわゆる「真俗二諦論」でした。つまり出世間的な究極の真理と世俗の真理とを区別する伝統的な考え方を踏まえ、現世においては世俗の規範や道徳を守るべきことが積極的に主張されたのです。そこには、明治維新以後の天皇制国家の確立とそれを支える教育勅語体制によりかかって真宗の維持を図っていこうとする意図を見てとることができます[10]。そこでは、仁義忠孝を中心とする伝統的な倫理規範がそのまま受け入れられ、また、国家が推し進める対外膨張政策がそのままの形で追認されました。

六　清沢満之の宗教理解

内観主義

それに対して清沢満之が『精神界』の諸論考のなかで示した立場は、このような形でもちだされた「真俗二諦論」、あるいは「二諦相依論」とは根本的に異なったものでした。清沢は真俗二諦論を前面に押し出す宗派の議論を前にして、改めて「宗教とは何か」ということを問い、自らの立場を明確にしていったと考えられます。

この「宗教とは何か」という問いに対して、清沢は、自己の精神の安住、精神の自在の活動、精神内の満足を求めることこそが宗教の、そしてまた精神主義のめざすものであることを強調しました。自己の外に精神を充足させるものを追い求めるものではないという立場を明確に示したのです。それは言いかえれば「内観」、つまり自己の内に目を向けることを重視する立場に立つことを意味します。そのことを清沢は、「先づ須らく内観すべし」と題した論考のなかで、「外観主義を後にして、内観主義を先にすべしと云ふ、外観は畢竟内観に依るものなればなり[11]」と根拠づけています。

「精神主義」に対する批判

このような「内観」を重視する清沢の宗教理解に対しては、第二章でも少し触れましたが、当時、さまざまな批判が加えられました。『精神界』が刊行されたのとほぼ同じ頃に、境野《さかいの》黄洋《こうよう》や加藤玄智《げんち》、田中治六《じろく》などによって仏教清徒同志会（のちに新仏教同志会）という団体が作られ、雑誌『新仏教』が刊行されました。仏教に依拠しながら積極的に社会の改革に取り組もうとした点にその特徴があります。その同人たちからも清沢に対して、またその精神主義の立場に対して厳しい批判が加えられました。

『新仏教』第三巻第二号に発表された境野黄洋の「羸弱《るいじゃく》思想の流行（ニイッチェ主義と精神主義）」では、清沢の主張する精神主義が、人間の精神の活発な活動から身を引き、ただ内面の満足のみを追い求める羸弱思想、つまり衰えて弱った思想にほかならず、宗教の老衰した形態であるという批判がなされています。

他方、道徳の軽視ないし否定という点も精神主義批判の重要な論点の一つでした。浩々洞の同人のなかには、真の信仰を有する者にはどんな罪悪も障りなしということを公然と主張する者がいました。たとえば『精神界』第一巻一二号に掲載された暁烏敏の「精神主義と性情」（明治三十四年）と題された文章には、「吾人の精神主義は……偸盗を好む者に偸盗を為すべからずと命ずるにあらず、偸盗を嫌ふ者に偸盗せよと迫るにあらず。……殺生を好む者に殺生を避けよと強ゆるにあらず、殺生を嫌ふ者に殺生を喜べと逼《せま》るにあらず[12]」という表現が見えます。

このような主張に対して『新仏教』の同人たちは厳しい批判の矢を放ちました。たとえば花田衆甫《しゅうほ》は「排精神主義――『精神主義』を難して浩々洞諸氏の答を望む」と題した論考のなかで、精神主義を唱える人々は、反道徳的な行為に同情を寄せる人々であり、「天下の危険、平和の妨礙《ぼうがい》」をもたらすと、その反道徳性、反社会性を厳しく批判しました。

超倫理説

清沢満之は『新仏教』の側から直接このような批判に答えることを求められたことがありました。『新仏教』の編集者の問いかけに清沢は次のように答えています。「新仏教の方では、宗教と倫理の関係をどうゆう風に説くのですか。……倫理と宗教は一つだといふのですな。Morality is Religion, Religion is Morality. といふわけなのですな。私共の方の内観主義は超倫理説であつて、実在は善悪の上に超絶して居る。それだから宗教上の信仰は、善悪に拘はらず之を得られる。悪人だから信仰が得られない、信仰を得たから悪人でないとは言はんのです[13]」。

ここから明瞭に見てとれますように、宗教的な信仰は善悪を超越したものであり、両者を同じレヴェルで論じることができないというのが清沢の基本の考えでした。清沢がそのような信念を抱いていたことを、弟子の安藤州一《しゅういち》がまた次のように報告しています。「一夜、先生、余に謂て言く、今の学者、口を開けば則ち言《いわ》く、宗教は倫理的ならざる可らずと。されど、余は然《し》かく思はざるなり。宗教と倫理とは、全く其方面を異にす、徒に方面を異にするのみならず、時有てか、宗教は倫理の教条を打破し、自己の信仰のために人を殺さゞる可らず。こは決して空論にあらず、かゝる事は、実際上、容易に有り得べき事柄なりと信ず(14)」。

国家主義の立場からの批判に対する反論

「今の学者」と言ったとき、清沢の念頭にあったのはおそらく井上哲次郎であったと考えられます。宗教の形態を離れ、倫理を基礎に据えるべきことを主張した井上に対し、清沢は、宗教と倫理とがまったく「方面」を異にしたものであること、つまり同じレヴェルでの事象ではないことを主張したのです。信仰の世界では、「倫理の教条」が否定されることがありうるというのが、清沢の理解でした。「自己の信仰のために人を殺さゞる可らず」という言葉がそのことをよく示しています。

清沢の、自らの内観主義は「超倫理説」であるという主張は、先に述べたように、『新仏教』の同人たちに対する反論でもありましたが、同時に、国家主義の立場から宗教を倫理へと解消すべきことを主張した井上哲次郎に対する反論でもあったと言うことができます。[15]

七　清沢満之の「真諦」と「俗諦」の理解

「別天地」としての宗教

いま見ましたように、清沢は宗教が成立する場所を善悪を超越した次元として捉えています。親鸞の言葉で言い表せば、「善悪のふたつ、総じてもつて存知せざるなり」と言われうる場所です。このことを清沢は明治三十四年に行った講演「精神主義」のなかでは、宗教は「一種の別天地」を有するというように言い表しています。

また『精神界』第一巻第十一号に発表された「宗教的信念の必須条件」のなかでは、宗教的信念に入るためには、それ以外の何ものにも頼ることができないことを述べたあと、次のように記しています。「宗教的天地に入らうと思ふ人は、形而下《けいじか》の孝行心も、愛国心も捨てねばならぬ。其他《そのた》仁義も、道徳も、科学も、哲学も一切眼にかけぬやうになり、茲《ここ》に始めて、宗教的信念の広大なる天地が開かるゝのである[16]」。このように、宗教以外の人間の営みを離れたところに宗教的信念の「広大なる天地」が開かれることが強調されています。

この清沢の主張は、宗教の本質を的確に捉えています。しかし、宗教が人間のそれ以外の営みから離れたところに成立するとしても、それは、宗教が現実の世界における生、そして倫理の問題からまったく切り離されるということを意味しません。むしろ両者は切り離しがたく結びついていると言えると思います。善悪が問われる地盤があって、はじめてそれを「存知せず」と言いうる境地が開かれると考えられるからです。そのゆえにこそ、古来、くり返し宗教と倫理との関わりが問題とされてきましたし、清沢もまた、世俗を離れた「宗教的信念の広大なる天地」について語りつつ、同時に両者の関わりに深い関心を寄せつづけたと考えられるのです。

清沢の「俗諦」理解

亡くなる直前にも清沢は、「宗教的道徳（俗諦）と普通道徳との交渉」という論考を『精神界』第三巻第五号（明治三十六年）に発表し、改めて真俗二諦の問題について論じています。そこで彼が何を語ろうとしたのかを以下で見てみたいと思います。

清沢がここで真俗二諦の問題を取りあげたのは、先に触れたように、神道の国教化が推し進められ、国家道徳の立場から宗教に対して厳しい批判がなされるなかで、宗派の公の見解として「二諦相依」論がもちだされたことを踏まえてのことでした。そしてこの真俗二諦の問題について清沢は宗派のそれとははっきりと異なった解釈を示したのです。

それはとくに「俗諦」についての理解に見いだされます。清沢はそれを、世俗世界の法律や道徳とは異なった意味で理解しようとしました。もちろんその実質は重なります。しかし、そこにどのような意味を見いだすかという点で、清沢は独自の解釈を示したのです。

清沢によれば、道徳の場合には、その完全な実践がめざされます。つまり、道徳的な規範にはつねに実践されるべきものという意味づけがなされます。たとえすぐには実践できなくても、完全な実践に向かって一歩でも前進することがめざされます。それに対して「俗諦」については、清沢はその存在の意義を、規範を実践することが困難である、あるいは不可能であるということが自覚させられるという点に見いだしています。その不可能性のゆえに、有限な存在者は絶対無限な存在に目を向けざるをえなくなります。そこにこそ、「俗諦」の意義があると清沢は考えるのです。

道徳に躓くことによって開かれる宗教の世界

別の言い方をすれば、道徳に躓くことによって、そこに宗教の世界が開かれるというのが清沢の理解でした。しかも、その躓きが宗教の道に入る「必須条件」であることを清沢は語っています。このような逆説的な関係を清沢は道徳と宗教のなかに見ていたと言えます。そしてそれは清沢自身がたどった道でもありました。亡くなる直前に執筆した「我信念」がそのことをよく示しています。そこで清沢は、かつて人生の意義についてさまざまに思索を重ねたこと、つまり、何が善であり何が悪であるか、何が真理であり何が非真理であるか、何が幸福であり何が不幸であるかといった問題をめぐって、さまざまに探究したことを告白しています。あるいは倫理や道徳を可能なかぎり実行しようと努めたことを語っています。そこで清沢が経験したのは、人生の意義の不可解ということであり、倫理や道徳の完全な実行の不可能ということでした。一言で言えば、「自力の無功」ということでした。もう頭を上げようがないとなったところで、「一切の事を挙げて、悉く之を如来に信頼する」に至ったこと、そのことを清沢はこの最後の論考のなかで、自分の信仰の核心であり、要点であると言い表しています。

このように救済という出来事が、道徳や社会規範の実行にはまったく関わりがないということを自らの信仰の歩みのなかで確信することによって、清沢は政治との安易な妥協とは違った道を選択したと言うことができます。それは「宗教的道徳（俗諦）と普通道徳との交渉」のなかの「俗諦の教を以て積極的に人道を守らしむるものであるとか、国家社会を益するものであるとか云ふ様に思ふは大なる見当違ひである[17]」という言葉に端的に表れています。

八　責任と無責任

自己の無力さと「無責任」

さて、先にも触れましたように、清沢は自らの信仰のあり方との関わりで「無責任」ということを強調しました。この「無責任」についての議論も、このような文脈のなかで理解される必要があると思います。

どのような意味で清沢が「無責任」について語ったのかを知る上で手がかりになるのは、清沢が亡くなる前年、明治三十五年に行った講演「精神主義」です。そこで次のように述べています。「誠の義務責任と云ふものは、無限なものでなくてはならぬので、到底私共の為すことの出来ぬものである。私共の為し得る所の義務責任は、唯其《その》一部分である、即ち義務責任に関して、私共の絶対の力無き故、之を全然尽すと云ふことは出来ないので、又強てなさずともよいのである」(18)。

一方では義務や責任が無限なものであることが言われています。真摯に向きあえば、すべての事柄が自己の責任となります。しかし、有限な存在者は、それをとうてい果たすことができません。ここでも人間の無力さが強調されます。そのゆえに「強てなさずともよい」と言われるのです。この「なさずともよい」という言葉は、義務や責任の単純な放棄を意味するものではありません。自己の無力さに対する深い反省や苦しみ、罪の意識を踏まえてのものです。その上に立って語られた「なさずともよい」なのです。

無責任と「絶対の信任」

この「強てなさずともよい」は、すべてを絶対的存在者に委ねるという「絶対の信任」と一体になっています。その点について清沢は遺稿となった「我信念」のなかで次のように言い表しています。「所謂人倫道徳の教より出づる所の義務のみにても、之を実行することは決して容易のことでない。若し真面目に之を遂行せんとせば、終に「不可能」の嘆に帰するより外なきことである。私は此の「不可能」に衝き当りて、非常なる苦みを致しました。若し此の如き「不可能」のことの為に、どこ迄も苦まねばならぬなれば、私はとつくに自殺も遂げたでありませう。然るに、私は宗教によりて、此苦みを脱し、今に自殺の必要を感じませぬ。即ち、私は無限大悲の如来を信ずることによりて、今日の安楽と平穏とを得て居ることであります。無限大悲の如来は、如何にして、私に此平安を得せしめたまふか、外ではない、一切の責任を引受けてくださるゝことによりて、私を救済したまうことである[19]」。

この「絶対の信任」という境涯の上に立って、清沢は善悪という規範からの脱却を、あるいは「無責任」ということを主張したのです。

九　宗教的な生と世俗の生

自由主義

清沢はまた、この「絶対の信任」の上に成立する境涯が「自由主義」であることを語っています。『精神界』第一巻第一号に発表された「精神主義」のなかでも、精神主義が「完全な自由主義」であることが言われていますし、また、明治三十五年の講演「精神主義」のなかでも、「無限の大悲に乗托して、安心したもの」は、いかなる束縛をも感じず、無限の自由をもつことが強調されています。

しかしこの何ものによっても縛られないあり方は、倫理規範を否定しようとするものではありません。この講演で清沢は次のように述べています。「斯く云ひますと、然らば国家の法律にも服従せず、人の約束をも守らぬかと云ふ非難があるでせうが、さう無暗に自分勝手なことをするのでない、従ふ可き所には、非常に従ふのであります(20)」。

「無限の大悲」にすべてを委ね、「完全な自由主義」に立脚したとき、そこにどのような倫理が成立するのでしょうか。『精神界』発刊以前に雑誌『仏教』に発表されていた「他力信仰の発得」（明治三十二年）という論文などが、その問題について考える手がかりになるかもしれません。そこで清沢は、他力信仰は同朋に対する同情となり、同胞に対する同情は、「真正の平和的文明」を生むということを述べています。

残された課題

「他力信仰の発得」ではこのように言われていますが、『精神界』の諸論考では、これらの点について詳しく論及されることはありませんでした。むしろ先に見ましたように、宗教の「超倫理性」の側面が強調されました。それは、精神主義が主張された歴史的な背景を考えれば、十分に根拠を有するものでありますし、また、宗教の本質を的確に捉えたものでありました。しかし、この宗教の超倫理性の強調は、課題を残すものであったと言えるのではないでしょうか。

もちろん、先に引用した「善悪のふたつ、総じてもつて存知せざるなり」という言葉も、また「自己の信仰のために人を殺さゞる可らず」という言葉も、通常の社会倫理の枠のなかで語られた言葉ではありません。倫理を超越した「信念」の頂から語られた言葉としてわれわれはそれを理解しなければなりません。そこは、倫理の教条がもはや倫理の教条としての意味をもたない次元であると言うことができます。清沢の言葉を理解する上で、この点を押さえておくことは非常に重要です。

しかし、そのような次元、つまり宗教的な生もまた、世俗の生からまったく切り離されたところに成立するのではありません。信仰者もまた宗教的な生のなかだけではなく、同時に倫理性が問われる世俗の生のなかに身を置く存在でありつづけます。何に断固従うべきであるのかを考えることは、信仰者にとっても放擲できない課題でありつづけます。宗教的な真理が善悪の次元を超越したものであることを強調することが大きな意義をもつとしても、そのことによって、世俗の生のなかで何をめざすべきかという課題から解放されるわけではありません。

清沢が「宗教とは何か」ということを的確に理解していたこと、そしてゆるぎない他力の信仰をもっていたことは、まちがいありません。しかし、いま述べた点が十分に問われず、課題のままで残されたのではないかと私は考えています。そしてその困難な課題は、私たち現代に生きる者に委ねられているのではないでしょうか。そのような形で、清沢の思索は私たちのなかに生き続けているように思うのです。

註

（1）　曽我量深「指方立相の問題」、『曽我量深講義集』第四巻、弥生書房、一九七九年、一四四頁。
（2）『コーラン』第三章一二七―一二八節。『コーラン』上（改版）、井筒俊彦訳、岩波文庫、一九六四年、九四頁。
（3）アルベルト・シュヴァイツァー『キリスト教と世界の宗教』、『シュヴァイツァー著作集』白水社、一九五六―七二年、第八巻三六頁以下。
（4）『金剛般若波羅蜜経』、『般若心経・金剛般若経』中村元・紀野一義訳註、岩波文庫、一九六〇年、一二六頁。
（5）『ブッダの真理のことば・感興のことば』中村元訳、岩波文庫、一九七八年、三六頁。
（6）中村元『原始仏教の思想・下』、『中村元選集』第一四巻、春秋社、一九七一年、五二頁。
（7）『ブッダのことば――スッタニパータ』中村元訳、岩波文庫、三八頁。
（8）安冨信哉『近代日本と親鸞――信の再生』、『シリーズ親鸞』第九巻、筑摩書房、二〇一〇年、四二頁。
（9）井上哲次郎著、中村正直閲『勅語衍義』敬業社・哲眼社、一八九一年、「叙」三頁。
（10）安冨信哉『清沢満之と個の思想』法藏館、一九九九年、七六頁以下参照。
（11）『清沢満之全集』岩波書店、第六巻六〇頁。
（12）暁烏敏「精神主義と性情」、『精神主義』第一巻一二号、二―三頁。
（13）『新仏教』第三巻第四号、一八九頁。『新仏教』編集者の筆録による。

(14) 安藤州一『清沢先生信仰坐談』第五版、無我山房、一九一一年、八五頁。
(15) 末木文美士「内への沈潜は他者へ向いうるか——明治後期仏教思想の提起する問題」、『思想』第九四三号、二〇〇二年、一六頁参照。
(16) 『清沢満之全集』岩波書店、第六巻七七頁。
(17) 『清沢満之全集』岩波書店、第六巻一五六頁。
(18) 『清沢満之全集』岩波書店、第六巻一六七頁。
(19) 『清沢満之全集』岩波書店、第六巻一六四頁。
(20) 『清沢満之全集』岩波書店、第六巻一六八—一六九頁。

第四章　日本における西洋哲学の受容と清沢満之

一　大西祝と清沢満之

日本における哲学の受容

これまで清沢満之の信仰について見てきましたが、清沢はもともと東京大学で哲学を学んだ人です。それが清沢の宗教理解、仏教理解の基礎になっています。たとえば彼が晩年、他力の信仰をエピクテートスの思想と結びつけて理解したことなどは、その典型的な表れの一つです。そういう意味で、清沢の思想や信仰を理解するためには、彼が学問形成を行った時期がどういう時代であったのか、そしてまた彼がそこで何を学んだのかを知ることはたいへん重要であると思います。そういう観点から、そしてまた彼の思想形成のプロセスに目を向けてみたいと思います。

哲学という学問は、もちろん、法学や経済学、物理学や化学などと同様に、明治の初めにヨーロッパから受容された学問の一つです。これらの学問を日本に紹介する上で大きな役割を果たしたのは西周《にしあまね》や津田真道《まみち》など、「明六社《めいろくしゃ》」に集った明治初期の啓蒙家たちでした。その後、明治十（一八七七）年に東京大学が設立されて以後は、哲学は主に大学のなかで研究されるようになりましたが、当初は、それがどういう学問であるのかを理解し、紹介することに力が注がれました。まずフランスやドイツで書かれた哲学史や哲学概論が翻訳され、それを通して哲学という学問が紹介されました。そしてやがて三宅雪嶺《せつれい》や井上円了《えんりょう》、清沢満之、大西祝《はじめ》ら、日本人の手によって哲学史や哲学概論が著されるようになっていきました。しかし、哲学という学問が日本に根づくまでには長い時間がかかりました。明治の終わりになって、それははじめて自らの足で歩くことを始めたと言ってよいと思います。西田幾多郎が明治四十四（一九一一）年に出版した『善の研究』は、そのことを示す記念碑的な著作であると言えます。

この過程で哲学が日本にどのように受け入れられたのか、そこで清沢満之がどのような役割を果たしたのか、哲学は清沢の思索にどのような影響を与え、その思想のなかにどのように受け入れられていったのか、このような点について考えてみたいと思います。

藤岡作太郎と西田幾多郎

まず藤岡作太郎という国文学者の話から始めたいと思います。藤岡作太郎は、西田幾多郎の親しい友人であった人です。二人は金沢の第四高等中学校で同級となり、生涯親しい交わりを持ち続けました。もっとも、「生涯」といっても、藤岡は三十九歳でその生涯を閉じました。ちょうど清沢と同じ年齢で藤岡は亡くなりました。

藤岡は東京大学を卒業したあと、真宗大学寮および真宗大学の教授を務め、雑誌『無尽燈』の編集にも携わった人で、大谷大学とも深い関わりのあった人です。その後、第三高等学校に、そして東京大学に転じましたが、若くして亡くなりました。その代表的な著作は学位論文として提出された『国文学全史――平安朝篇』（明治三十八年）ですが、藤岡はそれに続いて明治四十一年に『国文学史講話』という本を出版しています。これは西田哲学に関心がある人にはよく知られた本です。というのも、西田がこの本の序文を書いているからです（『思索と体験』所収）。

なぜ藤岡が専門領域をまったく異にする西田に序文を依頼したのか、詳しくは分かりませんが、藤岡がその前年に娘を失い、その記念としてこの本を出版したことと関わっていると推測されます。西田もまた、藤岡が娘を失ったほぼ半年後に、同じように娘を亡くしました。こうした事情から藤岡は西田に序文を書くように依頼したのではないかと思います。

この西田の序文は、おそらくある専門の書物の序文としては決してすぐれた、あるいは適切なものではないと思われます。子供を失った悲しみ、悲哀でその全体が貫かれており、『国文学史講話』の内容に少しも触れていないからです。しかし強く心を打つ文章であることはまちがいがありません。たとえば次のように西田は書いています。「死んだのは我子ばかりでないと思へば、理に於ては少しも悲しむべき所はない。併し人生の常事であつても、悲しいことは悲しい、飢渇は人間の自然であつても、飢渇は飢渇である(1)」。非常に強く心を打つ文章であるし、子を失った人にしか書けない文章であると言ってもよいでしょう。

明治を代表する思想家

さて、なぜ藤岡作太郎の『国文学史講話』に触れたかというと、ここで清沢満之への言及がなされているからです。この『国文学史講話』は「太古」から始まり、「明治の世」で終わっていますが、その最後の章で藤岡は、当時の文学界の状況だけでなく、思想界のことにも触れています。それによれば「当時〔明治の中頃のこと〕思想界に於て名ありしは大西祝と清沢満之となり、明治の哲学、明治の宗教をいふものは必ず二人の名を逸すべからず(2)」というように、明治を代表する思想家として大西祝と清沢満之の名を挙げているのです。そのあと、「この二人に比べて思想の深邃《しんすい》は遠くこれに及ばざれども」という但し書きとともに高山樗牛《ちょぎゅう》の名前が挙げられ、さらに綱島梁川《つなしまりょうせん》の名前が挙げられ、最後に「これら四人共に早く没して、爾来《じらい》思想及び批評界の転《うた》た寂寞《せきばく》なること……」というようにしめくくられています。明治の後期には、ほとんど挙げるべき人物がいなかったということをこの言葉は意味しています。

『国文学史講話』が出版されたのは、先ほど述べたように明治四十一年ですが、当時の目から見て、明治の思想界を代表する人物としてまず挙げられるべき人物が、大西祝と清沢満之であったことが、ここからよく分かります。ちなみに西田の『善の研究』が出版されたのは、明治四十四（一九一一）年であり、『国文学史講話』が出た三年後のことでした。当時、西田は四高の教授であり、まったく無名の人でありました。

「哲学者」としての大西祝と清沢満之

さて、いま藤岡作太郎の「当時思想界に於て名ありしは大西祝と清沢満之となり」という言葉を紹介しましたが、その判断に、友人であった西田の影響があったかどうかは分かりません。しかし西田もまた同じように明治の思想界を見ていたことは、のちの記録からですが、知ることができます。それは、昭和二（一九二七）年六月六日に真宗大谷大学の講堂で行われた「清沢満之二十五周年追憶講演会」においてなされた西田の講演の言葉です。西田は京都大学に来てから、すぐに大谷大学の講師も務め、山口高等学校時代の同僚であった稲葉昌《まさ》丸《まる》と親しく、大谷大学と関係が深かったのですが、そういう縁があってこの追悼講演会での講演を引き受けたと考えられます。講演のテーマは「犬儒学派エピクテタスの思想について」というものでした。このテーマが選ばれたのは、明治三十一（一八九八）年に清沢が東京大学の後輩である沢柳政太郎宅で『エピクテートス語録』（*The discourses of Epictetus*）という本に接して以降、この古代ギリシア・ストア派の思想家から非常に強い影響を受けたということがあったからです。残念ながら、西田がこの大谷大学の講演会で具体的にどういうことを話したかは、資料が残っていないため分かっていません。

しかしこのなかで西田が、明治を代表する哲学者として大西祝と清沢満之の名前を挙げたことは分かっています。大谷大学観照社から刊行された『清沢先生二十五年忌記念出版　清沢満之』という本がありますが、そこに収められている近藤純悟《じゅんご》という人の「巨鐘の声」という追懐の文章の中で次のように言われているのです。「西田幾多郎博士は、昨年大谷大学講堂に於ける清沢先生二十五周年追憶講演会に於て、「従来日本には哲学研究者は随分あるが日本の哲学者といふべきは故大西祝氏と我清沢満之氏であらう」と絶叫されました」(3)。ちょうど藤岡と同じように、西田も大西と清沢、この二人の名前を挙げているのです。しかも、「哲学研究者」と呼ばれる人は数多くいるであろうが、「哲学者」と呼ばれるべき人はこの二人を措いてほかにはない、という西田の言葉は、この二人の仕事がどういうものであったかということを非常によく語っているように思います。おそらくそこには、単なる職業として、あるいは単なる学問として哲学をした人ではなく、自らの生と深く関わる仕方で哲学的な思索をした人という意味が込められていたのではないかと思います。

二　アーネスト・フェノロサ

東京大学時代の大西と清沢

さて、まず、このように明治を代表する哲学者として並び称される大西祝と清沢満之について、その哲学上の仕事を、両者を対比しながら少し見てみたいと思います。

大西祝は、元治元（一八六四）年の生まれですから、清沢の方が一歳年長です。ただ清沢よりも早く、明治三十三（一九〇〇）年に三十六歳の若さで亡くなりました。両者の大きな違いは、大西が家庭の影響でキリスト教の信仰をもっていたことです。そのために同志社英学校に入学、普通科と神学科で学んでいます。明治十八（一八八五）年に東京大学予備門に入り、半年後に文学部に入学しています。したがって東京大学では清沢の方が二級上でした。ただ二人の在学期間は重なっており、お互いに他を意識していたと考えられます。

ただこの二年の違いは両者の思想形成に大きな意味をもちました。清沢が東本願寺から東京留学を命ぜられ、上京したのは、明治十四年、そして予備門を経て文学部に進学したのが明治十六年の九月です。当時文学部で哲学を教えていたのは、のちに日本美術に関心をもち、岡倉天心らとともに日本の伝統美術の復興に力を尽くしたことで、また日本の伝統美術を西洋世界に紹介したことで知られるアーネスト・フェノロサ（Ernest Francisco Fenollosa, 1853-1908）でした。清沢はこのフェノロサから大きな影響を受けました。

第一章でも記しましたが、フェノロサは、アメリカのハーヴァード大学を卒業したあと、明治十一年に東京大学に赴任してきました。東京大学が創設された翌年に二十五歳で来日したのです。そして政治学、理財学（経済学）、さらに哲学史を教えました。当初は、その主たる担当科目は哲学ではなく、政治学であったのですが、やがて哲学を中心に講義を行うようになりました。日本での滞在が長くなるとともに、フェノロサは徐々に日本美術に関心を寄せるようになり、明治十九年には東京大学を退職して、文部省に入り、その後、東京美術学校に転じています。

明治十九年というのは、清沢が東京大学の文学部を卒業する前の年ですから、清沢はまる三年間フェノロサのもとで学んだわけです。それに対して大西祝がフェノロサの講義を聴くことができたのは一年だけでした。そのためにフェノロサが大西に与えた影響はそれほど大きくなかったように考えられます。その違いが、両者の哲学の理解にも反映しています。

清沢満之とフェノロサ

清沢がフェノロサを高く評価していたことは、たとえば清沢の親しい友人でも、同僚でも、同志でもあった稲葉昌丸の「大学時代ではフェノロサのヘーゲルの講義が一番面白かつたと常に話されました」[4]という言葉からも知ることができます。

フェノロサは、当時、ダーウィンの進化論と結びついてきわめて大きな影響力をもったスペンサーの進化論の哲学から強い影響を受けた人でした。スペンサーの進化論の哲学は彼の母国であるイギリスよりも、むしろアメリカで迎えられ、一八七〇年前後に空前のスペンサー・ブームがアメリカで起きました。まさにそのブームのなかでフェノロサは大学生活を送ったのです。メアリ夫人の回想録によれば、ハーヴァード大学在学中、フェノロサは「ハーヴァード・スペンサー・クラブ」の結成に力を尽くしたということです。

そうした学問形成から言えば、当然のことですが、東京大学においても彼は進化論の哲学を大いに鼓吹したようです。明治四十一（一九〇八）年にフェノロサが亡くなったときに、東京大学の哲学会の機関誌である『哲学雑誌』に「元大学教授フェノロサ氏逝く」（第二六〇号）という記事が載りました。そこに次のような記述があります。「エドワード・エス・

モールス氏……理科に教鞭を執つて大〔い〕に進化論を鼓吹す。又殆《ほとん》ど之と同時に外山〔正一〕博士帰朝し、理科の矢田部〔良吉〕等と共に進化論を唱ふ。されば更にフエ子《ママ》ロサ氏来りて進化論を唱道するや、殆ど帝国大学の思想界は進化論を以て充溢せるの有様なりき(5)」。

さて、このようにフェノロサは、スペンサーの進化論の哲学から強い影響を受けた人ですが、しかしそれだけでなく、同時にドイツ哲学にも強い関心を抱いていました。日本ではじめてヘーゲル哲学について講義をしたのは、フェノロサであると言われています。

フェノロサがヘーゲルの哲学を非常に高く評価していたことは、清沢の『西洋哲学史講義』からも知ることができます。そのなかに次のような記述があります。「東京大学にてフェノロサ氏はヘーゲル氏を非常に褒めて、此の後はヘーゲル氏の説を開展するの哲学に止まるなりと云へり(6)」。このフェノロサの考えが、清沢の哲学理解に、またヘーゲル評価に大きな影響を与えたことはまちがいがないと考えられます。

フェノロサの東京大学での講義

いまフェノロサが日本ではじめてヘーゲル哲学について講義をしたと書きましたが、この講義は当時の学生にきわめて新鮮に映ったようです。三宅雪嶺の『大学今昔譚《こんじゃくたん》』という本からもそのことを知ることができます。三宅は東京大学の第四期生で、明治十六年に哲学科を卒業しました。ちなみに清沢は第八期生です。

この『大学今昔譚』のなかで三宅雪嶺はフェノロサの講義について次のように記していま す。「十一年八月、米国人フエノロサが来学し、最初予備門にて経済学を担当し、大学で哲学を担当した。哲学科が独立しない間のこと、フエノロサの授業が頗る面白く、学生の注意を唆つた。それまで哲学は、外山〔正一〕教授がスペンサーの第一原理〔*First Principles*, 1862〕を主としたのをば、フエノロサが簡単にデカルトから初め、カント、フィヒテ、シエリング、ヘーゲルまで雄弁に説き立て、僅かな期間にドイツ哲学を紹介した。これは、英学者が前に概ね知らず、世間に知れなかつたところであつて、今更のやうに耳新しく聞え、哲学とはさういふものかと人が興味を覚えるところがあつた(7)」。

フェノロサが哲学史を講じるにあたって、その教科書としたのは、ドイツのヘーゲル学派の哲学史家アルベルト・シュヴェーグラー（Albert Schwegler, 1819–1857）の『哲学史概説』の英訳本（抄訳）などでした。三宅雪嶺は明治二十二年に『哲学涓滴《けんてき》』という書物を出版していますが、これは、日本ではじめて刊行された西洋近世・近代哲学史でした。ここで三宅はデカルトからヘーゲルに至るまでの哲学を論じていますが、とくにカント以後のドイツ哲学に力点を置いて論じています。とくにヘーゲルについては、「ヘーゲル実に哲学の一大団円を作れり(8)」というように、もっとも高い評価をしています。そのようなヘーゲルの位置づけは、三宅がフェノロサと同様シュヴェーグラー（ただしドイツ語の原本であるが）やクーノー・フィッシャーの哲学史を参考にしたことによると思われます。シュヴェーグラーもクーノー・フィッシャーもヘーゲル学派（ヘーゲル中央派）の哲学史家でした。この三宅の『哲学涓滴』が、それ以後の日本における西洋哲学史観の大枠を決めたということが言えますが、その種をまいたのは、フェノロサでありました。

さて、フェノロサに関して、三宅は『大学今昔譚』のなかで、同時に次のようにも語っています「フエノロサも哲学の初歩を講義したときこそ有益で面白かつたが、その後にはカントの英訳、ヘーゲルの英訳、ヒュームの著書を文字通りに読む位のもので、これといふことがなかつた(9)」。フェノロサはある年にはヘーゲルの『論理学』も教科書にしましたが、使われたのはここで言われているように英訳であり、ドイツ語に習熟した学生には歓迎されなかったようです。フェノロサの講義が高学年の学生に満足を与えられなかったのは、彼がまだ若年でありながら、政治学や理財学（経済学）、社会学など多方面の講義をしなければならなかったこと、またドイツ哲学に関心を寄せてはいたが必ずしもそれを専門的に研究した人ではなかったことなどが、その原因であったのではないかと推測されます。

フェノロサの哲学史理解

さていま述べたように、フェノロサは一方では進化論の哲学から、そして他方ヘーゲルの哲学から影響を受けましたが、両者の関係をどのように考えていたのか、そのことを知る貴重な資料が残されています。それはフェノロサの講義を筆記した阪谷芳郎（第五期生）の筆記した明治十四年度の哲学史講義ノートです。それによればフェノロサは次のように語っています。「スペンサーの進化論の学説とヘーゲルの哲学を一つにすることができれば、われわれは完全な哲学を持つことができるであろう。このことは今後三十年ないし四十年のうちになされるであろうと思う。ヘーゲルの唯一の弱点は、科学についての知識が乏しい点である。両者はお互いを補いあう関係にある。スペンサーの進化論は、機械的発展〔という考え〕の欠陥を埋め合わせる。スペンサーとヘーゲルとは確かにまったく異なっているように見えるが、しかし実際には、両者はもっとも密接に関係しあっているのである。実際、ヘーゲルの学説なしには、スペンサーの進化論はまったく考えられない[10]」。

この講義ノートは明治十四年度のものであり、清沢が聞いたものではありませんが、おそらくほぼ同じ内容の講義がその翌年以降も行われたと想像されます。先ほど引用した、「東京大学にてフェノロサ氏はヘーゲル氏を非常に褒めて、此の後はヘーゲル氏の説を開展するの哲学に止まるなりと云へり」という『西洋哲学史講義』の言葉も、そのことを示しているように思われます。

三　大西祝

大西祝とブッセ

大西祝は早世したために、その名前があまり知られていませんが、短い生涯のなかで『西洋哲学史』、『倫理学』、『論理学』などを著し、日本における哲学研究の礎を築いた人です。その業績は『大西博士全集』（警醒社書店）全七巻にまとめられています[11]。

先に述べましたように、東京大学への入学が清沢より二年遅かった大西は、フェノロサの講義を一年しか受けていません。そのために大西は、フェノロサよりも、その後継者としてドイツから来たルートヴィッヒ・ブッセ（Ludwig Busse, 1862–1907）から強い影響を受けました。ブッセが来日したのは、明治二十（一八八七）年の一月であり、大西は二年次からブッセの講義に参加しました。

のちに東京帝国大学の教授になった伊藤吉之助は当時の哲学科の雰囲気を伝えて、次のように記しています。「フェノロサ氏がヘーゲルを講じ、クーパー氏がカントを講じ、新来のブッセ氏（二十年一月より開講）がロッツェの哲学を祖述する頃から独逸の「純正哲学」がやうやく英国のそれに代る趨向を示して来た。而してブッセ氏が哲学の歴史的研究を奨励したのは哲学研究に一転機を与へたものと云はれて居る」[12]。

ブッセの東京大学での講義

ここで言われていますように、ブッセは、十九世紀後半のドイツを代表する哲学者の一人であったヘルマン・ロッツェ（Hermann Lotze, 1817–1881）の弟子でした。ロッツェは、彼自身哲学者であると同時に医学者でもありましたが、思想的にも、形而上学と自然哲学との統合ということを考えた人でした。ブッセが来日したのは、彼が二十四歳のときであり、当然のことながら、彼自身の哲学というものはなく、その講義はロッツェの哲学の「祖述」にとどまったと考えられます。

そのことは、西田幾多郎が書いたエッセーからも知られます。ブッセは明治二十年から二十五年まで日本に滞在しましたが、二十四年に帝国大学の選科に入学した西田は、一年間ブッセの講義を聴きました。ブッセの帰国後来日したのがラファエル・フォン・ケーベルで、西田はこのケーベルの講義も帝国大学で一年間聴きました。さてそのブッセのことについて、西田は「ロッツェの形而上学」と題したエッセー（『思索と体験』所収）のなかで次のように記しています。「故ルードウィヒ・ブッセ先生はロッツェの晩年にその教を受けたロッツェ学徒であった。……哲学概論の如きもロッツェ哲学の梗概の如きものであったと思う」。そしてそのロッツェの哲学について西田は、「有体《ありてい》に云へば、少くとも当時の余は尚ロッツェを味ふ力はなかつた、先生の講義を聴きながらも、ロッツェの哲学の妥協的な態度に飽き足らなかつた。其後《その》ロッツェの論理学を読むに及んで、余のロッツェに対する考は一変した」(13)と記しています。

ブッセが日本で果たした役割は、まずロッツェ哲学の紹介という点にありました。そして実際、それは日本で大いに流行しました。それとともに、伊藤吉之助の言葉をそのまま使えば、「哲学の歴史的研究の奨励」という点にも、ブッセの果たした役割があったと言えます。

大西祝のカント研究

大西の同期に（ただし選科生ですが）谷本富《とめり》という、のちにヘルバルトの研究者として知られるようになる教育学者がいますが、その谷本の書いた「回顧半世紀」（『哲学雑誌』五七三号）という文章によれば、ブッセは講読にはもっぱらカントの『純粋理性批判』を用いたようです。

伊藤吉之助は、ブッセの哲学史研究の奨励はわが国の「哲学研究に一転機を与えた」と書き記していますが、おそらく進化論の流行といったような現象が収まり、原典の忠実な読みに基づく厳密な哲学史研究が行われるようになったことを言い表したものと考えられます。大西もそのような影響を受けるとともに、自らもカントの哲学の研究に携わり、カントから大きな影響を受けました。清沢と大西の入学年度の二年の違いは、具体的には、このような形をとったのです。

四　清沢満之とヘーゲル哲学

さて、清沢満之と大西祝という明治期を代表する哲学者の思想に少し立ち入って見てみたいと思います。

フェノロサとスペンサー

まずフェノロサを通してのスペンサーの清沢への影響という点から見ていきます。一般にスペンサーの思想には二つの面が混在しているというように言われます。一つの面は、自然法的・個人主義的な側面です。前期の『社会静学』(*Social Statics*, 1850)などにその面が強く表れています。それに対して、後期、たとえば『社会学原理』(*The Principles of Sociology*, 1876–1896)などにおいては、社会有機体論的な考えが前面に出ていると言われます。アメリカでは、この二つの面が対立的にではなく、むしろ統一的に、しかしあえて言えば、主として後期の思想が社会の支配的・保守的な勢力によって受け入れられたと言うことができます。それに対し、日本ではこの二つの面が別々に、そして初期にはとくに前期の思想が自由民権運動を推進した人々によって受け入れられました。

フェノロサは、アメリカにおける社会有機体論的な思想を中心にしたスペンサー受容のただなかで思想形成を行ったわけです。そしてそのような観点から、日本においてもスペンサーについての講義を行いました。フェノロサは来日早々、文部大臣に対して、東京大学の文学部に「社会原論」という科目を作り、社会が一個の有機体であることを学生に学ばせる必要があるという答申を行っています。そしてそのような趣旨に沿って、実際に「世態学」(sociology, つまり社会学) に関する講義を行っています。その内容は井上哲次郎らによって翻訳され、「世態開進論」という表題のもとに、東京大学法理文三学部の機関誌であった『学芸志林』という雑誌に発表されました。これは、フェノロサがスペンサーをどのように理解していたかを知る上で、きわめて貴重な資料です。

清沢のスペンサー受容

さてフェノロサの、いま述べたような、社会有機体論的なスペンサー思想の紹介は、日本におけるスペンサー受容に大きな変化をもたらすことになりました。その点について、高橋徹《あきら》という社会学者が「日本における社会心理学の形成」という論文のなかで次のように述べています。「フェノロサは当時のスペンサー解釈の急進主義的傾向に反省をうながし、スペンサーの社会変動論における「穏健性」を指摘することによって、やがて生ずる「民権論の教科書としてのスペンサー」から「国権論の案内書としてのスペンサー」という解釈転換のキイを準備した(14)」。

清沢もおそらくフェノロサのこのようなスペンサー解釈から強い影響を受けたと考えられます。清沢がスペンサーの思想において注目するのは、何より、その社会有機体論的な考えです。その影響は、たとえば明治十九年、東京大学在学中に執筆した「一因多果」という文章などに表れています。そこでは次のように言われています。「宇宙間の万事物は常に相互に千万無量の関係を有せざるはなき事を知る。之を有機上の関係と云ふ。学問と云ふも知識と云ふも他に非ず。此の有機上の関係を研究自得するに外ならず(15)」。

清沢は明治二十五年に『宗教哲学骸骨』を刊行しますが、これに先だってここですでに、宇宙に存在するものすべてを一つの有機的な組織として捉えるという見方を示しています。そしてその見方は『宗教哲学骸骨』のなかで、より明瞭に語られることになります。第二章の「有限無限」論で次のように言われています。「無数の有限は相寄りて無限の一体をなす。其の状態を有機組織といふ」。つまり、すべての有限者は決して一つ一つ単独で存在するのではなく、つねに互いに限定しあい、依存しあいながら一つの全体を構成しているというように清沢は言います。そして個々のものがその能力や機能を十全な仕方で発揮するのは、それが単独に存在するときにではなく、むしろ全体的連関においてである、と言います。それを説明するために清沢は手と体全体との関係を例に挙げていますが、実際、有機体のなかでは個々の器官は他の器官と切り離しがたく結びついているだけでなく、全体との関わりのなかではじめてそれ固有の機能を発揮します。ちょうどそれと同じように清沢は実在相互の関わりを理解していました。

清沢とヘーゲル哲学

さて、フェノロサにヘーゲル哲学への関心を惹きおこしたのは、おそらくハーヴァード大学の教師であったボーウェン（Francis Bowen, 1811-1890）ではないかと推測されます。のちにフェノロサは東京大学で、先ほど挙げたシュヴェーグラーの『哲学史』の英訳本とともに、ボーウェンの『近代哲学』（*Modern Philosophy*, 1877）という本を参考にしながら講義を行いました。おそらくヘーゲルについてもこれらを手がかりにして講義をしたのではないかと考えられます。おそらくこのフェノロサのヘーゲル講義から、清沢は大きな刺激を受けたのでしょう。

たとえば『宗教哲学骸骨』の第四章「転化論」は、存在するものをとりわけ生成・発展という相において捉えようとする清沢の実在理解が明瞭に表明されている点で興味深い章です。清沢がそのように存在の生成・発展に注目したのは、おそらくヘーゲルの弁証法を意識してのことであったと考えられます。『西洋哲学史講義』のなかで清沢は次のように語り、ヘーゲルの弁証法の立場に賛意を表明しています。「現象界の事物が進化せねばならぬと云ふ。此れ亦《ま》た無論なり。思想が万有を支配して居る。或は思想から万有が顕れて居る。而して其の思想は、進化的開発的とせば、其の現象事物は、皆な進化開発なり[16]」。すべてのものは「生成・変化する」という『宗教哲学骸骨』における清沢の主張は、このようなヘーゲル理解を前提にしてのことであったと考えられます。

ちなみに清沢は『西洋哲学史講義』では、ヘーゲルの「弁証法」(Dialektik)について「三段法」ないし「三段論法」という訳語を用いています。それに対して『宗教哲学骸骨』では「三段の軌範」という訳語を用いています。『宗教哲学骸骨』ではそれについての詳しい説明を行っていませんが、『西洋哲学史講義』の方では、清沢は図を使いながら詳しい説明を行っています。『清沢満之全集』(法藏館版)には、フェノロサがちょうどヘーゲルの弁証法を図を使って説明した部分を筆記したものが収録されていますが[17]、そのフェノロサの図と、『西洋哲学史講義』において清沢が用いた図とのあいだには明らかに共通性があります。

それに類した図は、桑木厳翼の『哲学概論』や田辺元の『哲学通論』などに見られますが、フェノロサ―清沢の弁証法理解が、以後の日本における弁証法理解に決定的な影響を与えたと言うことができるでしょう。

五　大西祝の良心論

大西祝とカント哲学

次に大西祝の思想について見てみたいと思います。大西が明治期の哲学の歴史のなかで占める位置について、高坂正顕はその著『明治思想史』のなかで次のように述べています。「大西祝に至って恐らくわが国に初めてカント的な批判主義の精神が移植されつつあるということが許されるのではなかろうか[18]」。高坂が「カント的な批判主義」という言葉のもとに何を考えていたかは、次の言葉からうかがうことができます。「〔井上〕円了や〔三宅〕雪嶺の無造作の折衷主義、類推を武器とした空想的な形而上学に対しては、単なる折衷を排し、認識批判を媒介した厳密な学としての哲学を要求する。また加藤弘之の如き実証主義・進化論に対しては自然法と規範法が区別さるべきこと、つまりあるからべしは引き出し得ないことを力説するのである[19]」。高坂はこのように述べて、認識批判に立脚した厳密な学の建設、さらに存在と当為との峻別というカント哲学の根幹をなすものが、大西祝において、はじめて十全な仕方で理解され、受容されたということを主張しています。

大西の批評主義

実際、このような意味での「批判主義」が大西の思想の基底をなしていたと言ってよいでしょう。ただ大西自身は自らの立場を、この「批判主義」という言葉によってではなく、「批評主義」という言葉で言い表しました。具体的には、たとえば「方今《ほうこん》思想界の要務」と題された論文において次のように述べています。「西洋主義と云ひ日本主義と云ひ、急進と云ひ保守と云ひ、皆只だ事の一方を見たるものにして、思想界に於ては都《す》べて此等《これら》の上に立ち此等を統合する所の主義なくんばあらず。予は批評主義を以て此《この》位地にあるものと思惟す。思ふに我思想界の当初の要務は東西万般の思想を比較判別批評して其《その》傾向及び其の価値を認むるにあり(20)」。

このように大西は「批評主義」という言葉を、必ずしもカントの批判哲学の枠内においてではなく、より広く、「東西古今千種万態の思想を蒐集《しゅうしゅう》し此を吾人の理性に照らして其価値を発見する」ことをめざす立場として理解しています。しかし大西がそのために「吾人の道理心〔理性〕」による「公明且正大なる試験〔検討・判断〕」が何より必要であることを強調するとき、この「批評主義」の根底に、先に述べたような意味での「批判主義」があったことはまちがいありません。

この「公明且正大なる試験」という言葉はカントの『純粋理性批判』の「序文」（第一版）の言葉です。「方今思想界の要務」で大西は、「宗教は其神聖なるの故を以て、法度は（原語はGesetzgebung、したがって「立法」の意）其荘厳なるの故を以て、動《やや》もすれば批評の外に立たんと欲すれども若し果して其外に立ちたらんには……吾人の道理心は其如き宗教法度には真実の尊敬を与ふることをせざるべし(21)」というカントの言葉を引用するとともに、「我国思想界の最初の要務となすべきは百般の事物をして「公明且正大なる試験」を経せしむるにあり」と述べています。

少し横にそれますが、この大西の主張は、清沢の『宗教哲学骸骨』の第一章「宗教と学問」における「宗教は信仰を要すと雖ども決して道理に違背したる信仰を要すと言ふにあらず。若し道理と信仰と違背することあらば寧ろ信仰を棄て、道理を取るべきなり(22)」という言葉を想起させます。先ほど見ましたように、清沢は哲学の上ではカントよりも、むしろスペンサーやヘーゲルからより強い影響を受けていますが、しかし大西の言う「批評主義」、別の言い方をすれば、もっとも良質の「啓蒙主義」は、清沢のなかにも脈々と流れていたと言うことができます。

大西の理想主義的形而上学

さて、いま述べたように大西の思想の根底にはカントの批判主義があったと言うことができます。しかし大西は必ずしもカントの批判哲学の枠内で思索した人ではありませんでした。高坂正顕も、先に引用した『明治思想史』のなかで、理性と衝動とを峻別する点で大西はカントにあきたらなかったのではないかと述べています。具体的には、カントの批判主義を認めた上で大西が「しかもグリーン〔Thomas Hill Green〕的な理想主義的形而上学をメカニカル＝エボリューションと異なるテレオロヂカル＝エボリューション〔teleological evolution〕の立場から樹立せんとした[23]」と述べています。

彼の畢生《ひっせい》の仕事であった良心論も、このような「理想主義的形而上学」に関わっていると考えられます。「良心起源論」と題された論文のなかで大西は、われわれが生活のなかで意識する「理想」は、すべて、われわれが「本来の目的」をもち、そこに到達せんと努力することから生じること、またこの理想に対して覚える「特別の衝動」、つまり「義務の衝動、可《べ》しと云ひ、可《べか》らずと云ひ、ねばならぬと云ふの心識[24]」こそが良心であると語っています。彼の言う良心とは、「理想に向ひゆき其理想に引き寄せられる一種の衝動傾向[25]」にほかならないものでした。カントでは良心は、自らが正しいと信じた行為を実際に行ったかどうかを判断する「道徳的判断力」を意味しましたが、大西はそれをむしろ理想へと向かう、あるいは向かわざるをえない「衝動」として捉えたと言うことができます。

六　ふたたび清沢満之と大西祝

仏教者清沢とキリスト者大西

さて最後に、清沢と大西の西洋哲学受容の特徴について考えてみたいと思います。両者の仕事は、領域的にもそしてそれが果たした役割においても、きわめて近いものがありました。ただ清沢がフェノロサの影響のもとで、スペンサーやヘーゲルに強い関心を示したのに対し、大西がブッセの影響のもとで、むしろカントに強い関心を示した点で、両者の西洋哲学の受容に大きな違いが生じました。

しかしそれは単に、誰に学んだかという問題だけでなく、清沢が仏教者であり、大西がキリスト者であったということとも深く関わっているように思われます。

先に見ましたように清沢は、実在は互いに関係しあい、一つの有機組織を形成しているというように考えます。その背景に仏教で言う「相依《そうえ》」ないし「相依相待《そうたい》」という考え方があったことはまちがいありません。さらに清沢は、すべてのものが互いに主となるとともに従となり、互いに補いあい、支えあうという関係を「主伴互具《しゅばんごぐ》」という言葉で言い表しています。その背景にあるのは、因陀羅網《いんだらもう》の喩えを通して語られる華厳の「重々無尽《じゅうじゅうむじん》」ないし「重々無尽互為主伴《ごいしゅばん》」という考えです。

また清沢は、先ほど述べたように、ヘーゲルの弁証法から大きな刺激を受け、存在するものをその生成・発展という相において捉えようとしますが、同時にヘーゲルに対する批判も行っています。清沢が批判するのは、ヘーゲルにおいては、基本的には原因と結果、因と果との関係だけが問題にされているという点です。それに対して清沢は自らの考えを簡潔に次のように言い表しています。「一物一体の原因より結果に転化するに当りて其他《そのた》の一切万有は此《これ》が助縁となるものにして因縁果の三者は常に相寄りて万有全体を尽すものなるが故に一切の転化は……万有全体の作用即ち唯一無限の作用なりと謂はざるを得ざるものなり」(26)。このように清沢が万物の生成・発展を単なる因と果との関係としてではなく、「因縁果の三者」の関係として、その意味で「万物全体の作用」であると考えるとき、その背景に、仏教の「因縁生《いんねんしょう》」という考え方があったことはまちがいありません。

大西祝に関して言えば、彼が「倫理学」、とくに「良心」の問題に強い関心を示したこと と、彼がキリスト教徒であったこととは決して無縁ではないように思われます。もちろん彼は「良心起源論」のなかで、良心の働きについて、それを「神命に帰する必要なし」というように述べ、良心起源論をすぐにキリスト教の神概念に結びつけることはしていません。しかし彼が良心論を畢生の仕事としたことの背景には、良心は、神に対して、あるいは神の法に対して正しい態度をとるために人間に与えられた器官であるというキリスト教の良心理解があったことは否定できないと思います。

良質の啓蒙主義

このように清沢と大西との西洋哲学の受容の仕方には、大きな隔たりが存在したと言うことができます。しかしもちろん、相違の面だけを強調すれば、一面的な把握に陥る危険性があります。先ほど、両者の思想の根底に「良質の啓蒙主義」があるということを言いましたが、両者は明らかに共通の地盤の上に立っていました。そういう点から両者の思想を見直してみること、そして、そういう観点から両者が明治期の哲学受容の歴史のなかで果たした役割について考えるみることも、大切な課題であると考えています。

註

（1）『西田幾多郎全集』岩波書店、二〇〇二―二〇〇九年、第一巻三三一頁。
（2）藤岡作太郎『国文学史講話』東京開成館・大阪開成館、一九〇八年、三五五頁。
（3）『清沢先生二十五年忌記念出版　清沢満之』大谷大学観照社、一九二八年、二一七―二二八頁。

（4）『清沢満之全集』法藏館、第一巻六一四頁。

（5）『清沢満之全集』法藏館、第一巻六一八頁。この「元大学教授フェノロサ氏逝く」の一部が法藏館版の『清沢満之全集』に収録されているために、この文章が清沢のものだと考えておられる人もいますが、この文章は清沢が亡くなってから五年後に書かれたもので、清沢が書いたものではありません。

（6）『清沢満之全集』法藏館、第二巻五六四頁。

（7）三宅雪嶺『大学今昔譚』我観社、一九四六年、三五―三六頁。「英学者」とは、東京開成学校および東京大学に明治七年から十一年まで在職したイギリス人エドワード・サイル（Edward W. Syle, 1817–1890）を指すと考えられます。

（8）三宅雪嶺『大学今昔譚』二二三頁。

（9）三宅雪嶺『大学今昔譚』二二九頁。

（10）山下重一「フェノロサの東京大学教授時代――社会学・哲学・政治学講義を中心として」、『國學院法学』第四五号、一九七五年、一四九頁。

（11）大西祝の主要な著作が『大西祝選集』全三巻（岩波文庫、二〇一三―二〇一四年）として刊行されています。

（12）伊藤吉之助『最近の独逸哲学』理想社、一九四四年、二一九―二二〇頁。

(13)『西田幾多郎全集』第一巻三一五頁。
(14)高橋徹「日本における社会心理学の形成」、『今日の社会心理学』第一巻『社会心理学の形成』培風館、一九六五年、四二八頁。
(15)『清沢満之全集』岩波書店、第四巻一七二頁。
(16)『清沢満之全集』岩波書店、第五巻三一二頁。
(17)『清沢満之全集』法藏館、第一巻六一六頁。
(18)高坂正顕『明治思想史』、『高坂正顕著作集』第七巻、理想社、一九六九年、二三四頁。
(19)高坂正顕『明治思想史』二三四頁。
(20)『大西博士全集』第六巻、警醒社書店、一九〇四年、一八頁。
(21)『大西博士全集』第六巻一六頁。
(22)『清沢満之全集』岩波書店、第一巻七頁。『現代語訳　宗教哲学骸骨』一六頁。
(23)高坂正顕『明治思想史』二四一頁。
(24)『大西博士全集』第五巻、警醒社書店、一九〇四年、一四六頁。
(25)『大西博士全集』第五巻一四五頁。
(26)『清沢満之全集』岩波書店、第一巻二〇—二一頁。『現代語訳　宗教哲学骸骨』四二—四三頁。

第五章　哲学者としての清沢満之

一　『宗教哲学骸骨』

清沢の宗教哲学研究

第一章で述べましたように、清沢満之は明治二十一年に帝国大学文科大学の大学院を中途でやめ、尋常中学校の校長として京都に赴任しました。研究者ではなく、教育者の道を選んだのです。しかし、教育に全力を注ぐとともに、同時に真宗大学寮で西洋哲学史や宗教哲学の講義を担当しました。この西洋哲学史の講義は、当時、視野の広さにおいても、また理解の深さにおいても、もっともすぐれた内容のものでした。

また清沢は明治二十四年から二十五年にかけて真宗大学寮で行った「宗教哲学」の講義をもとに、二十五年八月に『宗教哲学骸骨』を法藏館から出版しました(1)。この書はわが国においてもっとも早い時期に出された宗教哲学に関する研究書です。これに先だって、正教会に属する神学者であった石川喜三郎の『宗教哲学』（哲学書院、明治二十二年）が出版されていますが、これはキリスト教の立場から宗教とは何かを論じたものでした。それに対して清沢の『宗教哲学骸骨』は、言うまでもなく、仏教の立場に立って書かれた宗教哲学の概論であり、研究書でした。「骸骨」という表題の通り、骨格にあたる部分だけが簡潔な文章で言い表されていますが、自らの信仰を踏まえ、また独自の考察に基づいて、宗教とは何かを論じたものとして、日本の宗教哲学研究に大きな礎石を置くものでした。

清沢は京都に赴任して以降、宗門の子弟の教育に懸命に取り組んだわけですが、それとともに、東京大学時代の学問への強い関心、そして新しい観点から宗教の問題について論じ、それを一つの学問として築きあげていきたいという熱い思いが清沢のなかに変わることなく脈々と流れていたことがこの書からよく読みとれます。その意味で『宗教哲学骸骨』は、東京大学に入学して以来の、哲学者としての清沢の仕事の集大成であったとも言えます。

その思いはさらに明治二十八年に書かれた『他力門哲学骸骨試稿』に受けつがれていくわけですが、本章では、これらの著作・草稿を中心に、哲学者としての清沢満之に光を当てたいと思います。

もちろん『宗教哲学骸骨』にせよ、『他力門哲学骸骨試稿』にせよ、単なる学術書ではありませんでした。清沢はのちに、「予は当時、『宗教哲学骸骨』に記する所を以て予の信仰の中心とし(2)」と語っていますが、これらは清沢の信仰にも深く関わったものでした。『宗教哲学骸骨』や『他力門哲学骸骨試稿』がもつ魅力はそういうところにもあります。

信仰と理性

『宗教哲学骸骨』において清沢がどのような視点から宗教の問題を考えようとしていたかは、その表題から読みとれます。すなわち、「宗教哲学」の立場に立って、広く言えば「哲学」、さらに広く言えば「学問」の立場に立って、「宗教とは何か」、あるいは「なぜ宗教が存在するのか」ということを問おうとしました。

それは第一章「宗教と学問」の冒頭で、「宗教が吾人の間に存するは如何なる理由あるによるかと言ふに……」という問いが提示されていることからも分かります。信仰そのものの立場からではなく、言わばその外に立って、言いかえれば理性の立場に立って、宗教が存在する理由、あるいはそれが成立してくる根拠を問おうとしたのです。

そういう立場に立つということと関係していますが、清沢がまず問題にしたのは、宗教と学問、信仰と理性との関係です。これまでも見てきましたように、清沢は信念に生きた人であり、厳格に律せられた生活を送った人です。しかしその思想は非常にしなやかな性格をもっています。この信仰と理性との関わりについて論じたところにも、そのことがよく表れています。

一方で清沢は、ただちに無限の実在を認め、それを信仰することのできる人には、哲学上の議論は不必要であると述べています。宗教は宗教として独立しているというのです。

しかし他方、信仰にとって理性は欠くことができないものであるというようにも述べています。宗教の教義のなかには、文字通りにとると、矛盾することが数多く存在します。それに直面したとき、この矛盾をどう理解すべきか、疑念が生じます。そのように疑いが生じたときには理性の力を借りるべきだと清沢は考えるのです。あるいは宗教と宗教とのあいだに争いが生じたときには、理性によって調停が行われなければならないというようにも述べています。

そしてもし仮に理性と信仰とのあいだに対立が生じたときには、信仰を棄てて理性を取るべきであるとさえ述べています。それは、理性のなかには自らの誤りを正す方策が備わっているのに対して、信仰にはそれを改めるための手だてが備わっていないからです。現代においても、世界を見渡してみたとき、宗教間の争いはそのもっとも深刻な問題の一つであると言えます。そうした問題を考える上でもきわめて重要な点に清沢は着目していると言うことができます。

有限と無限

「宗教と学問」に続いて清沢が『宗教哲学骸骨』の第二章で問題にしたのは有限と無限の問題でした。この有限・無限論を通して清沢は自らの実在についての理解を語っています。この有限・無限論は、清沢の宗教哲学の、さらには清沢の哲学の基盤をなすものと言ってよいと思います。

その際清沢が手がかりにしたのは、仏教の「相依《そうえ》」ないし「相依相待《そうだい》」という考え方でした。すなわち清沢によれば、すべての有限な存在は、決してそれ単独で存在しているのではなく、つねに互いに関わりあい、限定しあっています。あるいは、他を待ってはじめて一つ一つが成り立っています。有限な存在はこのように互いに依存しあって、一つの全体を構成しています。

この全体を清沢はさらに一個の「有機組織」として捉えます。ここで清沢は、第四章で見たように、おそらく十九世紀のイギリスの哲学者ハーバート・スペンサー（Herbert Spencer, 1820–1903）の有機体論的な社会理解を念頭に置いていたと考えられます。

「有機組織」のなかでは、個々の器官は他の器官と切り離しがたく結びついているだけでなく、この連関のなかではじめてそれ固有の機能を発揮します。具体的に言うと、われわれの手は、単独にではなく、からだ全体のなかではじめてその機能を発揮します。ちょうどそれと同じように清沢は実在の全体を、そして実在相互の関わりを理解していたと言えます。

いまこの連関を、自らの能力や機能を発揮する一個の有限者の視点から見ますと、この有限者が中心であり、他のすべてのものはその働きを支えるものになります。これも具体的な例を挙げて言うと、手で何かを、たとえばテーブルの上のコップをつかもうとするとき、あくまで主たる役割を果たすのは手であり、からだの他の部分は、それをサポートするように動きます。ちょうどそのように、一個の有限者を中心に見た場合、他のすべてのものはそれを支える従属物（伴《ばん》）になります。この関係は何を主とするかでその様相を大きく変えます。ものをつかむ場合でも、指先を主と考えることもできるし、脳を主と考えることもできます。そして何を主とし、どこから見るかによって、物事の見え方は大きく変わってきます。しかし、すべてのものが互いに補いあい、支えあうという関係自体は変わりません。この関係を清沢は「主伴互具《しゅばんごぐ》」という言葉で言い表しています。因陀羅網《いんだらもう》の喩えを通して語られる華厳の「重々無尽《じゅうじゅうむじん》」ないし「重々無尽互為《ごい》主伴」という考えがその背景をなしていると考えられます。しかし同時にそこにライプニッツの「モナド論」も影響を与えているように思われます。

このように仏教的な世界観を哲学の立場から捉え直すということをしているところに、『宗教哲学骸骨』の一つの大きな特徴があります。それが清沢の仏教観に独自な性格を付与しています。

「二項同体」

さて清沢によれば、この無数の有限者が相互に連関しあって構成する全体ないし統一体こそ無限（ないし無限者）にほかなりません。このように絶対的な存在を、ブッダとか神とか、それぞれの具体的な宗教のなかで前提にされているものとしてではなく、無限（ないし無限者）として捉え、そこから宗教全体を統一的に見ていこうとするところに、宗教哲学者としての清沢の宗教理解の態度がよく表れています。

そして、信仰するものはどこまでも有限者でありますから、宗教の根本の問題は、無限と有限との関わりということになります。清沢が彼の宗教哲学の中心問題と考えたのも、この無限と有限との関係をどのように捉えるかということでした。

簡単に言うと、清沢は、両者の関係を「二項同体」という独自の言葉で言い表しています。つまり有限と無限とは別のものではなく、まさに同体であるというのが清沢の基本の考えでありました。その点を次のように言い表しています。「無限有限の二者同体なるや異体なるや。曰く、若し二者異体なりとせば無限の体の外に有限の体あらざるべからず。是れ無限の義に背反するものなり。故に無限の体の外に有限の体あるべからず。即ち無限有限は同一体たらざるべからざるなり[3]」。

もし無限と有限とが異なったものであるとすれば、無限の外に有限がなければなりません。しかしそれでは無限は限界をもつことになります。無限は有限に対立するもの、したがってそれ自身、一つの有限者になってしまいます。それでは無限の意義に反することになります。したがって無限の外に有限が存在することはできません。つまり無限と有限とは同一体でなければならないのです。これが「二項同体」論です。

実践的観点から見た宗教の要旨

さて、無限と有限との関わりが宗教哲学の中心問題であるのは、それが単なる実在理解の問題ではなく、同時に実践の、あるいは救済の問題でもあるからです。清沢においては、われわれが生きている世界の構造の問題と、われわれがそのなかでいかに生きるかという問題とが一つに結びついていたと言うことができます。『宗教哲学骸骨』第三章「霊魂論」の冒頭で清沢は、第二章の論述を承ける形で次のように記しています。「宗教の要は無限力の活動によりて有限が進みて無限に化するにあり。之を有限の方より言へば有限が開発して無限に進達するにあるなり。而《しか》して有限は万種千類なりと雖《いえ》ども吾人の実際に於ては各自の霊魂或は心識〔意識、心のあり方〕が開発進化して無限に到達するが宗教の要旨なりとす[4]」。有限が無限の力によって無限と一になるという点に清沢が宗教の本質を見ていたことがこの文章からよく分かります。

この点が宗教にとって重要なことは言うまでもありません。つまり「二項同体」という考え、つまり無限と有限とは異なったものではなく、同体であるという考えは、実践的な観点からも求められるのです。しかしそれは一つの問題に逢着します。つまり、そこに有限をそのままの形で肯定する可能性、換言すれば、有限の絶対化の可能性が生まれてきます。この「二項同体」論を展開したあと、清沢はその点に気づいたようです。あとで見る『他力門哲学骸骨試稿』のなかで清沢はその点を問題にしています。

清沢とヘーゲルの弁証法

『宗教哲学骸骨』の第四章「転化論」は清沢の実在理解が明瞭に表明されている点で注目される章です。そこで清沢は、存在するものをとりわけ生成・発展という相において捉えようとしています。そのような実在の把握の背景にヘーゲルの弁証法があったことはまちがいありません。

清沢は東京大学でフェノロサ（Ernest Francisco Fenollosa）のもとで哲学を学びました。フェノロサはヘーゲルの哲学に強い関心を抱いていた人ですが、清沢もその影響を強く受けました。すでに第四章で指摘しましたが、『西洋哲学史講義』のなかで清沢は次の点にヘーゲルの言う弁証法の特徴があることを述べ、それを高く評価しています。「現象界の事物が進化せねばならぬと云ふ。此れ亦た無論なり。思想が万有を支配して居る。或は思想から万有が顕れて居る。而して其の思想は、進化的開発的とせば、其の現象事物は、皆な進化開発なり(5)」。

もちろん清沢はヘーゲルの哲学をそのままの形で受容したのではなく、それを批判してもいます。ヘーゲルは『エンチュクロペディー』のなかで、弁証法とは「現実界におけるあらゆる運動、あらゆる生命、あらゆる活動の原理である」（第八十一節補遺）と述べていますが、弁証法的な運動は、有限なものが自己を止揚し、その反対物へと移行するという面と、そこから肯定的な結果が、つまり対立する二つの規定の統一が生じてくるという面とを含んでいます。しかしいずれにせよ、基本的には原因と結果、因と果との関係だけがそこでは問題にされているというのが、清沢の批判するところでした。

どのようなものであれ変化・運動は、一つの事物の変化・運動としては説明できず、そこには必ず多くのものが関与しているというように清沢は考えます。清沢はさまざまな例を挙げていますが、たとえば床の上に立つというようなことですら、身体を支える床があってはじめて可能なわけですし、身体を動かす力、そのもとになっている食物、それを育てた大地、気候等々があってはじめて可能になります。

すでに第四章で引用しましたが、清沢は『宗教哲学骸骨』において自らの考えを簡潔に次のように言い表しています。「一物一体の原因より結果に転化するに当りて其《その》他の一切万有は此《これ》が助縁となるものにして因縁果の三者は常に相寄りて万有全体を尽すものなるが故に一切の転化は一方より言へば一物一体の作用なりといふを得れども他方より精密に言へば万有全体の作用即ち唯一無限の作用なりと謂はざるを得ざるものなり(6)」。

厳密に見れば、事物の発展・変化は、その他のものがこの発展・変化を助け支える縁となってはじめて生じるというのです。そしてこの因と縁と果の三者が寄りあって万物が成り立っており、もろもろの事物が生成・発展するというのは、この万物全体の働き、言いかえれば、唯一無限者の働きにほかならないというのが清沢の考えでした。このような理解の上に立って清沢は、万物の生成・発展の理法は「因果の理法」ではなく、「因縁果の理法」であると述べています。このように言うとき、そこに仏教の「因縁生《いんねんしょう》」という考えが生かされていることは言うまでもありません。

このように一方では、西洋の哲学を手がかりに従来の実在やその生成・発展についての理解をより厳密に展開しえた点に、また他方仏教の思想を手がかりに、西洋の哲学を批判的に検討する目をもちえた点に、清沢の哲学の大きな特徴があると言うことができます。

仏教史における清沢の位置

このように清沢は西洋哲学を媒介とし、そこから改めて仏教を、あるいは仏教的信仰を見直しています。そのことが清沢の仏教観に独自な性格を付与しています。開かれた視野のなかで仏教を見つめていたと言ってもよいかもしれません。

清沢の立脚点と言うべきものはもちろん他力の信仰でありました。しかし彼はそこに視点を固定して仏教を見ていたのではありません。『宗教哲学骸骨』の最後の「安心《あんじん》修徳」の章において彼は、自力の立場と他力の立場における「心の平安（安心）」のあり方の違いに触れていますが、自力の立場と他力の立場のどちらか一方が正しいのではなく、両者は箱と蓋《ふた》のように相支え、相補う関係にあるというように述べています。両者相俟って真正の信心であり、真正の修行であるというようにも言い表しています。

第一章で述べたように、このような大きな視野のなかで彼が仏教を見つめえたこと、そして伝統から解き放たれた自由な言葉によって、たとえば有限と無限、あるいは二項同体、有機組織といった言葉によって仏教について語りえたことは、彼が哲学を媒介として思索した人であったということと無縁ではないと思います。

それとともに、清沢が活躍した時代が、近代化の裏側で宗教が人間の生の基盤としての力を失いつつある時代であったということも関係していると思います。そのなかでいかにして仏教を蘇生させることができるかという問題が、清沢に喫緊の課題として意識されていました。一つの道は伝統のなかに閉じこもり、それを墨守することですが、それが決して蘇生にはつながらないということを清沢は知っていたと思います。むしろ一宗派の、あるいは日本の、あるいは東洋の仏教という枠を超えて、普遍的な場へと解き放つことによって、それが可能であると考えていたと思います。そのような問題意識が清沢に、仏教を開かれた大きな視野のなかで見つめなおすということを可能にしたのだと思います。

そして清沢のいま言ったような試みによって、つまり、普遍的な場へと開こうとする試みによって、仏教は新しい道を歩み始めた、と言えるのではないでしょうか。仏教の歴史のなかで清沢が占める位置、清沢が果たした役割というのは、そのような道を切り拓いたという点にあるのではないかと私は考えています。

二　『在床懺悔録』

生きた信仰としての宗教

清沢は明治二十五（一八九二）年に『宗教哲学骸骨』を出版したあと、三年後の明治二十八年に『在床懺悔録《ざいしょうさんげろく》』を執筆しています。これは『宗教哲学骸骨』と異なり、草稿の形で残されたものです。『宗教哲学骸骨』は真宗大学寮において行われた講義がもとになって、その翌年に出版されたのですが、『在床懺悔録』の方は病床で執筆されたものでした。清沢は明治二十七年四月に結核と診断され、一時、須磨垂水に転地療養をしました。その折に書かれたものです。

そこで清沢は治療に専念しましたが、しかし、病状はよくなりませんでした。第一章で書きましたように、その死の床で清沢は一つの大きな経験をしました。のちにそれについて清沢は「明治二十七八年の養痾《ようあ》に、人生に関する思想を一変し略《ほ》ぼ自力の迷情を翻転し得たり」と記しています。この経験が清沢に、改めて他力の信仰に目を向けさせるきっかけを作ったように思います。しかも学問としての宗教ではなく、安心立命《あんじんりゅうみょう》の宗教、生きた信仰としての宗教が、彼にとって大きな問題として浮かび上がってきました。

改めて自らの立脚地、つまり自らがそこに立つ場所というものを確認するために、『在床懺悔録』は書かれたと言えます。そしてその上でふたたび宗教哲学という自らのこれまでの営為を見直すという作業を、同じく明治二十八年に執筆した『他力門哲学骸骨試稿』を通してしたのではないかと思います。それらは彼の遺言という意味ももっていたと思います。

他力信仰に関わるさまざまな問題

この『在床懺悔録』において清沢は、信仰者としての立場に立ち、他力仏教の問題を正面から取り扱っています。具体的に言うと、親鸞の『教行信証』の枠組みに沿って浄土真宗の教義の主要な問題について論じています。

しかし『教行信証』の内容を順を追って解説することがめざされているわけではありません。この親鸞の著作のなかで説かれていることは必ずしも容易に理解できることばかりではありません。それを読む者のなかに多くの問いを生んできました。そしてそれらは、とりもなおさず、他力信仰の核心に関わる問題でもありました。そのような疑問を取りあげ、詳しく検討することによって、浄土真宗の信仰とは何なのかを明確に描き出すことを清沢は意図していたように思います。またそのことを通して、信仰者としての自らの歩みを総決算する意味が込められていたかもしれません。

『在床懺悔録』で取りあげられている問題についてここで詳しく述べることはできませんが、(7) どのような問題が論じられているかだけ、見てみましょう。

たとえば浄土真宗では、阿弥陀如来の名号を称えることが、浄土への往生《おうじょう》を実現するための大行《だいぎょう》（大いなる行）であるとされます。しかし純粋な他力の立場と言われる浄土真宗においてどうして行が問題とされるのでしょうか。清沢が厳格な禁欲を自らに課した人であったことを考えると、この問題は彼自身にとっても大きな問題であったと考えられます。

この問題について清沢は、念仏は自力の行ではなく、阿弥陀仏の慈悲心による導きに出会い信心を起こした人が、阿弥陀仏を称讃し、報恩の心を表現するものであると述べています。そこでさらに、阿弥陀仏の名前を称えることが往生の原因なのか、それとも、信心の確立こそが往生の原因であり、念仏は信心が確立して往生が決定したあとになされる感謝の行為なのか、ということが問題になります。この問題も難しい、そして重要な問題です。

他力の信仰においては「信」が重要な意味をもちます。この信をめぐって三信《さんしん》ということが言われます。法蔵菩薩が立てた四十八願の要である第十八願に「心の底から（至心《ししん》）深く信じ（信楽《しんぎょう》）、私の国に生まれたいと欲《おも》って（欲生《よくしょう》）……」という文章がありますが、そのなかの「至心」、「信楽」、「欲生」の三つの心のことです。それぞれ異なった表現がなされていますが、しかしそれらは結局、衆生が無限の大慈悲心である阿弥陀仏に帰依しようとする一つの心を指します。しかし、その一つの心がどうして三つに分けられるのでしょうか。この問題については清沢は、信心に三つの段階があるという観点に立って、彼自身の見解を述べています。

即得往生

他力の立場では、信心が確立し、さとりを得ることが定まった人々を正定聚《しょうじょうじゅ》と呼びます。正定聚について『大無量寿経《だいむりょうじゅきょう》』の「本願成就の文」では、「仏、阿難《あなん》に告げたまはく、「それ衆生ありてかの国に生るるものは、みなことごとく正定の聚に住す。……かの国に生れんと願ずれば、すなはち往生を得、不退転《ふたいてん》に住せん(8)」と言われています。最後の箇所は原文では「即得往生《そくとくおうじょう》、住不退転」です。「住不退転」というのは、ふたたび迷いの世界に後戻りしないということであり、「正定聚に住す」と同じ意味です。その前に「即得往生」という言葉が置かれています。この言葉が置かれているために、しばしば、往生したのち、浄土において不退転に住するのだという解釈がなされます。最後の節で清沢はこの解釈を誤ったものとして退けています。信心が確立されても、衆生はすぐに生を終えるわけではありません。現実の世界のなかで平生の生活を送ります。信心の確立はこの平生の生活のなかでなされます(浄土真宗でしばしば言われる「平生業成《へいぜいごうじょう》」というのはそのことです)。『教行信証』で「往相《おうそう》回向《えこう》の心行《しんぎょう》(信心と称名)を獲《う》れば、即《そく》のときに大乗《だいじょう》正定聚の数《かず》に入るなり(9)」と言われていますように、信心の確立とともに衆生は正定聚に住することになります。そうであるとすれば、往生したのち、浄土において不退転に住するというように解釈することはできません。「即得往生」というのは、信心を獲得した行者が、その信心を決定するやいなや、浄土に往生することができるという大きな利益を獲得し終わったと解釈するほかはありません。

以上のように、清沢は浄土真宗の教義をめぐるさまざまな問題を取りあげ、それに対する自らの答えを信仰者の立場に立って明快に示しています。その答えを通して、他力の信仰とは何なのかを明確に描き出しています。死の床のなかで（実際には小康を得て、あと八年永らえることができたわけですが）、清沢はそれを最後の仕事として選んだのではないかと思います。

三　『他力門哲学骸骨試稿』

信仰の人・学問の人

『在床懺悔録』において清沢は他力の信仰を「生きた信仰」という観点から改めて捉え直し、自らの立つ場所を再確認することを試みました。その上でふたたび宗教哲学という自らのこれまでの営為を見直すという作業を行ったのが『他力門哲学骸骨試稿』であると言えます。死を目の前にしてこの二つの書を執筆したということは、清沢において学問と信仰とがやはり切り離しがたく結びついていたことを示しています。「他力門哲学」という言葉が、文字通り、そのことを示しています。「自力の迷情を翻転し得た」のちにおいても、清沢はやはり、信仰の人であると同時に、学問の人でもあったと言えるのではないでしょうか。『他力門哲学骸骨試稿』においては『在床懺悔録』とは異なり、「宗教とは何か」、あるいは「それはなぜ必要か」、「それが果たすべき役割は何か」といった問題意識がその叙述の根底にあります。こうした問題が、『在床懺悔録』における思索を踏まえ、とりわけ他力仏教との関わりで問われたのが『他力門哲学骸骨試稿』であると言えます。

宗教の目的

第一節が「宗教」と題されているのも、そのことを示しています。そこで清沢は、宗教の目的を「安心立命」、あるいは「抜苦与楽《ばっくよらく》」という言葉で言い表しています。清沢がそこで強調しているように、有限なものとの関わりのなかに本当の意味での「安心」、あるいは「楽」を求めることはできません。それらは変化して止まないものであるからです。いまわれわれに楽しみを与えているものも次の瞬間には苦しみの原因になるかもしれません。本当の意味での「安心」ないし「楽」は無限な境遇において、言いかえれば、無限と「適合する」ことによってはじめて生まれてくると考えられます。

そこから有限と無限との関わりが中心の問題として浮かび上がってきます。有限と無限との関係は『宗教哲学骸骨』においても中心テーマの一つでした。清沢の宗教理解のキー・

ワードとも言うべき「有機組織」や「主伴互具」という概念が詳しく論じられたのも、その第二章「有限無限」においてでした。

しかしその「有限・無限」論は『他力門哲学骸骨試稿』において根本的に考え直されたと言ってよいと思います。『宗教哲学骸骨』における清沢の「有限・無限」理解の核心は、「二項同体」という言葉で言い表すことができます。先に引用した「無限有限の二者同体なるや異体なるや。曰く、若し二者異体なりとせば無限の体の外に有限の体あらざるべからず。是れ無限の義に背反するものなり。故に無限の体の外に有限の体あるべからず。即ち無限有限は同一体たらざるべからざるなり」という言葉から明瞭に知ることができるように、有限と無限とは同一体であるというのがそこでの清沢の基本的な理解でした。

「二項同体」説と「二項異体」説

『他力門哲学骸骨試稿』においてもその考えが捨てられたわけではありませんが、それがどこまでも事柄の一面であるというように清沢は考えるようになっています。確かに無限の外にそれ以外のものが存在するというのは、無限の概念に背くことです。しかしそれは無限を基準として考えた場合のことです。有限を基準にして考えれば、限界や区別をもつ有限がそのまま無限であると考えることはできません。もし仮にそのように考えますと、迷妄がそのまま肯定されることになりますし、そこから抜け出ようという努力が否定されることになります。したがって、有限者の側から有限・無限の関係を見ますと、無限は有限の外にあると考えざるをえません。

以上の二つの主張は互いに相容れないものですが、しかしどちらも誤ってはいません。それぞれに根拠をもつものです。しかし事柄の全体を言い表したものではなく、むしろその一面だけを言い表したものであると言うことができます。清沢は『他力門哲学骸骨試稿』においてその点に気づいたと考えられます。有限と無限との関係が一つの「矛盾」であることに気づいたというように言ってもよいかもしれません。

『宗教哲学骸骨』と『他力門哲学骸骨試稿』とは、内容的に重なりあう部分も多く、相互に密接に関係しあった著作ですが、後者ではいくつかの点で事柄がより徹底して考えられていると言うことができます。いま見ましたように、有限と無限とのあいだに根本的な「矛盾」を見いだしている点もその一つです。

有限と無限の二面性

さて、このように有限と無限との関わりが矛盾的な関係であるということは、有限と無限とが、それぞれ二面性を有するということでもあります。いま有限性を表にしているとしても、それは本来その裏に無限性を具えているということであり、また、いま無限性を表にしているとしても、それは本来その裏に有限性を具えているということです。しかも清沢はこの二面性を動的なものとして捉えています。つまり、有限を表とし無限を裏とするものは、必ず無限を表とし有限を裏とするものへと転じなければなりませんし、無限を表とし有限を裏とするものは、必ず有限を表とし無限を裏とするものへと転じなければなりません。このように有限と無限との関係を「転化」という相において捉えている点に清沢の特徴があると言うことができます。

そしてそれは仏教の教義にも深く関わる事柄です。先ほど宗教の目的は「安心立命」という点にあるという清沢の主張を紹介しましたが、それも有限が無限に転じるということにほかなりません。その根拠を仏教は、たとえば「悉有仏性《しつうぶっしょう》」、すなわち「すべての衆生に仏となる本性が具わっている」というように、あるいは「草木国土悉皆成仏《しっかいじょうぶつ》」、すなわち「草木も国土も皆ことごとく仏となる」というように言い表してきました。この有限の無限への転化・開発ということを清沢は仏教の教義の核心をなすものとみなしています。

そしてこの有限の無限への転化は、無限の有限への転化と一つになっているというように清沢は理解しています。有限はその内に無限な力を内包していると言うことができますが、それを顕在化し、発展させるということは、「自然に」起こることではありません。そこに

「縁」というものが、言いかえれば、無限なものの関与があってはじめて可能になるというのが清沢の理解です。そしてこのように無限なものが有限の転化・開発に関与するということが、とりもなおさず、無限を表とするものが有限を表とするものに転じるということなのです。その根拠となっているものを仏教は伝統的に「慈悲」という言葉で、そしてその具体化を「方便」という言葉で言い表してきました。

この「方便」という概念は、仏教においてきわめて重要なものですが、それに対してはさまざまな疑問や非難が提出されてきました。たとえば、もともと有限を救済する能力を有する無限がどうしてわざわざ「方便」という手段をとる必要があるのか、という問いもその一つです。こうした問題を含め、さまざまな観点から無限の有限への転化の問題を検討していることも、本稿の特徴の一つです。

自力の立場と他力の立場

先ほど、有限と無限とのあいだには根本的な「矛盾」があるということを言いましたが、そのことは、宗教になぜ自力の立場と他力の立場とがあるのかという問題とも結びついています。有限と無限とが同一体であると考える人は、必然的に有限者のなかにも無限な性質ないし能力があると考えるわけですから、その潜在的な能力を奮い起こして無限へと至ろうとします。そこに自力の立場が生まれます。それに対して、有限の外に無限があると考える人は、外にある無限の働きに身を投じ、その力によって無限へと至ろうとします。そこに他力の立場が生まれます。

自力の立場と他力の立場とは、有限と無限との関係がもともと矛盾をはらむものであったことに基づいて生まれてきたものであると言うことができます。したがってそれぞれがその存在の根拠をもつのであり、相互に排除しあうものではありません。

そのような考えはすでに『宗教哲学骸骨』のなかでも述べられていました。第六章「安心修徳」において清沢は、自力の立場と他力の立場とは、言わば箱とその蓋《ふた》のように相支え相補う関係にある、あるいは両者相俟って真正の信心であり、真正の修行であるというように述べています。『他力門哲学骸骨試稿』で取り扱われているのは、主として他力仏教の内容ですが、しかしそこでもいまのような理解は変わることなく維持されています（たとえば第二十五節参照）。ただ「平生業成《へいぜいごうじょう》」という点で両者が区別されることを清沢は述べています。自力の立場では、不退位の境地に達したあとも修行が求められますが、他力の立場では、正しい信が決定した段階で、未来の大いなるさとりという事業がすでに完全に成し遂げられたと考えます。このような違いが指摘されていますが、しかしいまも述べましたように、両者はそれぞれにその根拠をもつものであると言えます。

清沢の立脚地

このように清沢は養痾のなかで自らの立脚地を確かめる作業を行いました。その信仰に関しても、またその学問に関しても、自らがどのような場所に立っているのかを『在床懺悔録』と『他力門哲学骸骨試稿』という二つの草稿を執筆することによって確認できたのではないかと思います。おそらくその成果を、京都に戻り、さらに深めることを意図していたのでしょう。しかし周りの状況はそれを許しませんでした。

先ほど「自力の迷情を翻転し得たり」という日記の言葉を引用しましたが、それに続いて清沢は「人事の興廃は尚ほ心頭を動かして止まず。乃《すなわ》ち二十八九年に於ける我宗門時事は終に二十九三十年に及べる教界運動を惹起せしめたり」と記しています(10)。宗門の改革運動に引き込まれていくことになったのです。

しかし、以後の清沢の活動が、この須磨垂水での自らの立脚地を見つめ直すという作業の上に立ってなされたことはまちがいありません。それは、雑誌『精神界』を創刊したときに発表した「精神主義」という文章の冒頭の、「吾人《ごじん》の世に在るや、必ず一つの完全なる立脚地なかるべからず」という言葉にも反映しているように思います。

註

（1）『宗教哲学骸骨』に付された序で、稲葉昌丸が「原稿を簡略化して六章とし」と述べていますが、この書は真宗大学寮での講義を圧縮してなったものです。「総論」や、宗教の定義について論じた部分などが省かれています。しかし他方、以下で触れます有限・無限の問題などは、逆に本書でより詳細に論じられています。そこから『宗教哲学骸骨』で清沢が何に力点を置いて論じたかが読みとれます。
（2）『清沢満之全集』法藏館、第八巻五一六—五一七頁。
（3）『清沢満之全集』岩波書店、第一巻九頁。『現代語訳 宗教哲学骸骨』一一〇頁。
（4）『清沢満之全集』岩波書店、第一巻一一頁。『現代語訳 宗教哲学骸骨』一一六頁。
（5）『清沢満之全集』岩波書店、第五巻三一一頁。
（6）『清沢満之全集』岩波書店、第一巻一一〇—一一一頁。『現代語訳 宗教哲学骸骨』四一—四三頁。
（7）これらの点に関心をおもちの方は、『現代語訳 在床懺悔録』（藤田正勝訳、法藏館、二〇〇七年）およびそれに付した「解説」を参照してください。
（8）真宗聖典編纂委員会編『浄土真宗聖典（注釈版）』四一頁。
（9）『浄土真宗聖典（注釈版）』三〇七頁。
（10）本書一一〇頁参照。

第六章　清沢満之と西田幾多郎

一　西田幾多郎の宗教理解

清沢の宗教理解に対する西田の共感

西田幾多郎は明治四十二（一九〇九）年に金沢の第四高等学校から学習院に、そして一年後の四十三年九月に京都帝国大学文科大学に移りました。西田が京都に来た翌年に、東京に置かれていた真宗大学が京都に移され、真宗大学寮と統合されて、真宗大谷大学として再発足しました。その際に西田は哲学概論と倫理の講義を依頼され、それを引き受けています。そのほか何度か講演も行っています。たとえば大正八（一九一九）年には、真宗大谷大学開学記念日に「Coincidentia oppositorum〔対立するものの一致〕と愛」という題で話をしました。また昭和二（一九二七）年には、大谷大学で「清沢満之二十五周年追憶講演会」が開催された際、「犬儒学派エピクテタスの思想について」という題で講演を行いました。それ以後も、くり返して大谷大学で講演を行っています。

　このように西田が大谷大学と深い関わりをもったのは、彼が清沢の宗教理解に深い共感を抱いていたからです。第四高等学校の教授を務めていた頃の日記（明治三十五年一月十四日）に、「精神界にて清沢氏の文をよみ感ずる所あり」という記述があります。『精神界』というのは、もちろん、清沢を中心に作られた信仰共同体である浩々洞《こうこうどう》を母体にして、明治三十四年一月に創刊された雑誌のことです。西田自身、清沢が亡くなってからのことですが、乞われて一度この『精神界』に「知と愛」という論文を寄せています。

　西田が清沢の思想や信仰に深い共感を抱いたのは、彼自身も傑出した思想家であると同時に、すぐれた宗教者でもあったからだと思います。この二人の思想上の、そして信仰に関わる触れあいについて以下で見てみたいと思います。

「人間の目的そのもの」としての宗教

　西田幾多郎はもちろん日本の哲学の基礎を置いた人ですし、いわゆる京都学派の祖として知られる人ですが、早い時期から宗教についても強い関心を、そして深い理解を有していました。たとえば京都大学に赴任した翌年に、彼の最初の著作である『善の研究』を出版していますが、そのなかで宗教について、「かねて哲学の終結と考えて」いたというように記しています。宗教に関する考察を行うことによって、哲学はじめて哲学としてのまとまりをもつようになるという考えを西田が初期からもっていたことが、この言葉からも分かります。

『善の研究』は西田の著作のなかでは、たいへん長い時間をかけて書かれた、よく練られた書物ですし、体系的な構成をもった著作です。具体的に言いますと、「純粋経験」、「実在」、「善」、「宗教」という四つの部分、四つの編からなります。体系のしめくくりの部分として「宗教」を考えていたことが、この構成からも分かります。

そしてその第四編「宗教」の第一章は「宗教的要求」という題になっています。そこでもっとも印象的なのは、「宗教は人間の目的其者《そのもの》であって、決して他の手段とすべきものではない(1)」という言葉です。かつても、そして現在も宗教にからむような事件がしばしば起こり、新聞で取りあげられたりしますが、それは、宗教を手段として利用しようとするからだと思います。宗教は悪用される可能性をつねにはらんでいます。しかし、それは宗教の本来のあり方ではないと考えます。宗教はどこまでも「人間の目的そのもの」であって、何か他の別のもののために利用されるべきものではないという西田の言葉は、宗教の本来のあり方を考える上で重要な点を指摘したものと言えましょう。

西田の宗教理解と他力の信仰

しかし、人間の「目的」は何か、生きることの「目的」は何かという問題は、きわめて難しい問いです。その問いに簡単に答えることはできません。確かにそうですが、「宗教」ということを抜きにしてその問題に答えることはできない、と西田は考えていたと言えます。それは、西田がわれわれの生、つまりわれわれが生きるということと直接結びついたものとして宗教を理解していたことを示しています。だからこそ彼は、宗教を「哲学の終結」と位置づけたのです。

ここからも見てとれますように、西田において、宗教の問題はきわめて大きな問題として意識されていました。そのことはこれまでも注目されてきましたが、多くの場合、禅との関わりでその問題が議論されてきました。しかし、西田の宗教に関する考えは、他力の信仰とも深い関わりを有していると私は考えています。あとでその点について詳しく触れたいと思いますが、あらかじめ『善の研究』から、注目される文章を一つだけ引用しておきたいと思います。いま触れた「宗教的要求」という章の文章ですが、そこで西田は次のように述べています。「一点なお自己を信ずるの念ある間は未だ真正の宗教心とはいわれないのである」(2)。「自己が」という思いがあるあいだは、本当の意味での宗教心が成立しているとは言えないというのです。この文章は、はっきりと他力の信仰を念頭に置いて書かれたものだと言ってよいと思います。

二　清沢満之と西田幾多郎の出会い

さて、以上のような前置きをしておいて、清沢満之と西田幾多郎、この二人の関わりについて見てみたいと思います。清沢満之は文久三年、一八六三年の生まれですが、西田幾多郎は明治の子です。具体的には、明治三年、一八七〇年に生まれました。両者のあいだには七年の歳の開きがあります。しかしともに東京大学で哲学を学んでおり、両者のあいだに直接の交流があってもおかしくはありません。しかし二人の生涯は不思議にすれ違いに終わっています。

東京大学で学んだ清沢と西田

西田が帝国大学に入ったのは明治二十四（一八九一）年ですが、清沢の方はその三年前、二十一年にすでに大学院を中途でやめ、京都府尋常中学校に校長として赴任していました。二年後にはその校長職を辞し、「ミニマム・ポシブル（minimum possible）の実験」と呼ばれる極端な禁欲生活をはじめました。その頃に西田は大学生活を送ったわけです。

西田は金沢の第四高等中学校、いわゆる四高の出身ですが、中途で退学したために、帝国大学では、正規の課程にではなく、選科の課程にしか入学できませんでした。清沢は正規の学生でしたから、本科と選科という違いはありましたが、今日とは異なって、当時は学生の数はきわめて少数でしたから、西田はまちがいなく大学時代に満之の名を聞き知っていたと考えられます。ともに東京大学に作られた「哲学会」の会員でもありました。しかし、在学中、西田は清沢に会う機会をもたなかったようです。

清沢と西田の出会い

西田は、帝国大学の選科を終えたあと、就職口を探すために金沢に戻りますが、その頃に書いた手紙のなかに一度「徳永満之」の名前が登場します。明治二十七年、清沢が結核と診断され、須磨の垂水に転地療養した年のことです。西田は竹馬の友であった山本良吉――のちに京都帝国大学の学生監や武蔵高校の校長を務めた人です――に宛てて次のように書き送っています。「先日宇野君〔石川県専門学校時代の旧友宇野順蔵〕之《の》話には、京都之学校にて哲学出徳永満之肺病にてもはや授業もいたし兼ぬるとの事有之《これある》につき同君より今川〔覚神《かくしん》〕の方へ哲学之《の》人有用ならずや問ひ合はすとの事故《ことゆえ》小生もし哲学を教ふるを得ば無上の幸につき、小生よりも今川に当て懇々依頼いたしやり候(3)」。今川覚神は清沢が明治二十九年に「白川党」を結成して、宗門改革運動に乗り出したときの同志の一人となった人です。その前に金沢の大谷尋常中学校の校長を務めており、そのときに西田は面識を得ていたのでしょう。明治二十六年に東本願寺が、それまで経営に携わってきた京都府尋常中学校を府に返還し、大谷尋常中学校を開設した際にこの新しい中学校に移っていた今川に宛てて、西田はこの大谷尋常中学校や真宗大学寮で哲学を担当する教師への採用を依頼していたことが、この手紙から分かります。

しかしこの件は実を結びませんでした。西田は最初石川県の尋常中学校七尾分校の教諭となり、その後、第四高等学校講師になりました。しかしそれも一年ほどで免職を言い渡されました。その窮状に手を差しのべたのが四高時代の恩師の北条時敬《ときゆき》という人でした。北条はそのとき山口高等学校の校長になっていましたが、その尽力によって西田は山口高校に赴任することになりました。ちょうどその時に西田は一度清沢満之に出会っているのです。仏教史家として知られる吉田久一の『清沢満之』のなかに、清沢と西田とは「三十年頃東京大学の哲学科の同期生清川円誠《えんじょう》の下宿で会った(4)」という記述があります。

これは西田が山口高校へ赴任する途中のことであったと考えられます。その途次、西田は京都に立ち寄りました。そのときの西田の日記に「清川氏を訪ねた」(原文ドイツ語)という記述があります。具体的に言いますと、明治三十年九月三日の日記です。清川は京都府尋常中学校で学び、清沢の尽力で東本願寺の留学生として東京に派遣された人です。西田は京都に立ち寄った際に、同じ時期に帝国大学で哲学を学んだ清川を訪ね、そこで清沢に会ったわけです。それが清沢と西田との、おそらく生涯でただ一度の出会いでした。この出会いについて、吉田は「両者はよく知るところもなく別れた」と記しています。西田の方も、日記に「清川氏を訪ねた」と記すだけで、清沢の名前が出てきません。このとき二人は、十分に時間がなかったためか、相互に強い印象を抱かなかったように思われます。

西田と稲葉昌丸

私の推測では、二人が直接出会ったのはこのときだけです。しかし西田の思想形成に対して清沢がもった意味は決して小さくはありません。それを端的に示すのが、先に引用した「精神界にて清沢氏の文をよみ感ずる所あり」という日記の記述です。二人の出会いは直接の出会いによってではなく、むしろ文字を通してなされたと言えるのではないかと考えています。

この日記が記された翌年、つまり明治三十六年の六月に清沢は三十九歳と十一カ月でこの世を去りました。その約一カ月後の西田の日記に「午後六時頃より稲葉君を常光院に訪ふ。清沢氏の話などす。稲葉君方に宿す」という記述があります。

ここに記されている稲葉君というのは、のちに大谷派寺務総長や大谷大学の学長を務めた稲葉昌丸《まさまる》のことです。清沢より二歳年下ですが、ともに東本願寺が英才教育機関として開設した育英教校で学び、また明治十四年に一緒に東京留学を命じられた人です。稲葉も、清沢や今川覚神とともに大谷派の宗門改革運動に立ち上がり、その運動のために大谷派から一時除名処分を受けました。そして山口高校に職を求めました。つまり西田の同僚となったのです。稲葉は東京大学で動物学を学んだ人で、専門は違いましたが、西田は彼の一カ月後に山口に来た稲葉と親しい交わりを結びました。山口時代の西田の日記には、「稲葉君ヲ訪フ」、あるいは「稲葉君来訪ス」という記事が頻出します。また山本良吉宛の手紙で西田は「山口にて余が信じ居る人は稲葉昌丸なり。此人は一見温厚之《の》君子の如く、可もなく不可もなきが如きも中に確実なる所あり。相信ずべき良友なり」と記しています。

山口時代の西田

西田は家族の問題——とくに妻との離婚（のちに復縁する）——など多くの問題を抱えて山口に来ました。しかしそこで精神上のある転換を経験したように思われます。山本良吉に宛てて山口から次のように書き送っています。「余も始めて当地に参り候《そうろう》時は誠にいづれを見ても不快なりしが其後独りにてよく〳〵考ひ、今では何となく心安かに相成り申候《もうし》。いろ〳〵不満に思ひし事も顧れば、己が心のいやしきを恥かしく存じ候。馬太《マタイ》伝の六章に

Which of you by taking thought can add one cubit unto his stature?〔汝らのうち誰か思ひ煩ひて身の丈一尺を加へ得んや〕の語を深く感じ候が、之《こ》の語を守れば別に不平の起る筈も有之間敷《まじき》と存じ候」(5)。思い煩うことによって、いったい誰が自分の背丈を伸ばすことができるであろうかというのは、なかなか味わい深い言葉だと思います。西田にとってもこの聖書の言葉が転換のきっかけになったことが、この書簡から分かります。

ここではキリスト教が心の支えになったことが言われていますが、日記には「打坐《たざ》」の文字が数多く見いだされます。また参禅のために京都に出た折の日記には、「貝葉《ばいよう》書店ニテ退《たい》耕録《こうろく》、無《む》尽燈《じんとう》、禅僧ノ伝ヲ買フ」という記事があります。

『退耕録』というのは、相国寺の管長を務めた荻野独園が記したものです。一方『無尽燈』は、清沢満之らの改革運動のさなか、真宗大学寮において出版された雑誌です。清沢は、一時期を除けば、この雑誌にほとんど毎号、論文を発表していましたし、稲葉昌丸もそこに論文を発表していました。それを西田が京都で買い求めたのは、稲葉からこの雑誌について、また清沢の思想について聞いていたからであろうと推測されます。西田に清沢の思想、清沢の信仰への関心を惹き起こしたのは稲葉昌丸であったと言ってもよいのではないかと私は考えています。

三　無限との合一

西田の最初の宗教論

このように西田は山口時代に宗教にきわめて強い関心を寄せるようになりました。そしてその関心は、金沢時代に始めた禅だけでなく、浄土真宗やキリスト教などにも向けられるようになりました。

このように宗教に関心を抱き、宗教に関する書籍を読むことを通して、西田自身の宗教観が少しずつ形をもつようになっていったと言えます。その考えをまとまった形で表現する機会を与えたのが、ほかならぬ真宗大学寮で出されていた雑誌『無尽燈』だったのです。帝国大学哲学科の後輩で、のちに京都府立京都第一中学校の校長を務めた山本安之助という人が『無尽燈』の明治三十一年二月、三月、五月号に「宗教と理性」という論文を発表したのがそのきっかけでした。それに対する所感という形で西田は自らの宗教観をその六月号に発表しています。「山本安之助君の「宗教と理性」と云ふ論文を読みて所感を述ぶ」というタイトルの論文です。これが西田の最初の宗教論です。この論文を書くように促し、またそれを『無尽燈』に斡旋したのも、稲葉昌丸であったのではないかと私は推測しています。(6)

宗教と理性

山本のこの論文は、その表題の通り、宗教と理性との関わりを問おうとするものでした。そして宗教における理性の役割を強調する点にその特徴がありました。具体的に言えば、山本はそこで、宗教の教義・信条を、超越的な存在――具体的には神や仏――に帰するのではなく、宗教的天才（その理性）によって生みだされたものとして捉え、また、感情を導く（指導する）という理性本来の役割が宗教のなかでも発揮される必要があることを強調しました。

それに対して西田は、「君は宗教の外形たる智識的方面を見て其《その》本性たる感情的内面に重きを措かざりし嫌《きらい》なきか」というように、山本の主張に疑念を表明しました。というのも、宗教の核心は、知識ないし合理性のなかにではなく、むしろ感情的側面に、言いかえれば、絶対無限なるものを感じ取る、ということのうちにあるというのが西田の考えであったからです。いま「感じ取る」という言い方をしましたが、西田は「絶対なる者と冥合《めいごう》する」、つまり一体となるとか、それを「直覚」する、つまり直接に知覚し、把握するとか言い表し、そこにこそ宗教の「生命」があるということをくり返し述べています。

このように山本安之助の論文に反論する形で西田は自らの宗教についての基本的な考えを表明したのですが、それに関して二つの点を指摘しておきたいと思います。

一つは、やがて『善の研究』のなかで語られる西田の宗教論の骨格がここですでに表明されている点です。この言葉に対応するように、『善の研究』の第四編「宗教」第一章「宗教的要求」の冒頭で次のように言われています。「宗教的要求は……我々の自己がその相対的にして有限なることを覚知すると共に、絶対無限の力に合一して之に由りて永遠の真生命を得んと欲《ほっ》するの要求である(7)」。有限で相対的な自己が、絶対的なもの、無限なものと一つになることによって「永遠の生命」を得ること、そのことを通して「生命の革新」を経験することに西田は宗教の本質を見いだしていました。

絶対的なものとの冥合

「山本安之助君の「宗教と理性」と云ふ論文を読みて所感を述ぶ」における西田の宗教理解との関わりで指摘したいもう一つの点は、その理解と、清沢のそれとのあいだに多くの共通するものを見いだすことができる点です。『善の研究』では、仏教だけでなく、キリスト教も含めて、宗教の問題を考察しているために、「永遠の生命」といったキリスト教的な言い方がされていますが、「山本安之助君の「宗教と理性」と云ふ論文を読みて所感を述ぶ」の方を見ると、清沢の主張との近さがはっきりと見てとれます。

たとえば、この論文で西田は、「吾人《ごじん》が有限界を脱して無限の域に超入し、哲学に所謂絶対なる者と冥合《めいごう》する」ところに、宗教の宗教である所以があると述べています。われわれが有限の世界を超えて、無限の世界に入り、絶対的なものと一つになるところに、宗教の本質があるというのです。これとほぼ同趣旨のことを清沢は明治二十五年に刊行した『宗教哲学骸骨』のなかで述べています。『宗教哲学骸骨』の第三章「霊魂論」のなかで次のように言われています。「宗教の要は無限力の活動によりて有限が進みて無限に化するにあり。之を有限の方より言へば有限が開発して無限に進達するにあるなり。而《しか》して有限は万種千類なりと雖《いえ》ども吾人の実際に於ては各自の霊魂或は心識〔意識、心のあり方〕が開発進化して無限に到達するが宗教の要旨なりとす」(8)。この清沢の宗教理解と、宗教の宗教である所以は「有限界を脱して無限の域に超入」する点にあるとする西田の主張とは、きわめて近くに位置していると言うことができます。

二項同体

いま「山本安之助君の「宗教と理性」と云ふ論文を読みて所感を述ぶ」における西田の宗教の理解、つまり有限者が無限の世界に入り、絶対的なものと一つになるところに、宗教の本質があるという西田の理解と清沢の宗教理解の近さを指摘しましたが、第五章で見ましたように、清沢は有限と無限との関係についての理解を、『宗教哲学骸骨』と『他力門哲学骸骨試稿』において大きく変えています。

『宗教哲学骸骨』では清沢は、有限と無限とを別々のものではなく、むしろ同体であるという考えをもっており、それを「二項同体」という独自の術語を用いて表現していました。それに対して『他力門哲学骸骨試稿』のなかでは、清沢は「有限の外に無限あり」という節を設け、『宗教哲学骸骨』の主張とはちょうど逆のことを述べています。つまり、有限の方から考えると、有限なものはどこまでも限界をもったものであり、それをそのまま無限なものと同じであるということは言えないとここでは考えています。あるいは、無限なものは有限なものの外にあると言わざるをえないとも述べています。

有限と無限をめぐる矛盾

この問題は、西洋の哲学においても議論された難しい問題です。たとえば清沢が東京大学で師のフェノロサから学んだヘーゲルなどもその問題について論じています。清沢は、『宗教哲学骸骨』と『他力門哲学骸骨試稿』においてちょうど逆の主張をしているのですが、どちらかが正しく、どちらかが間違っているのでしょうか。普通では、このような場合、論理学で言う矛盾律、つまり矛盾を排除する思考の規則に従って、どちらか一方が正しく、他方が間違っていると考えます。しかし、私はそのように一方だけを真だとは言えないと思います。

清沢も『他力門哲学骸骨試稿』のなかで、一方では「無限の側から考えると」という前提を立て、他方「有限の側から考えると」という前提を立てて考えを進めています。どちらから事柄を見るかによって結論が変わってくるのです。そのことを少し具体的に考えてみましょう。たとえば浄土真宗では「煩悩具足の凡夫」ということがしばしば言われます。煩悩に満たされた私たちが、そのままで、生まれては死に、死んでは生まれる迷いの世界を離れるということはありません。「愛欲の広海に沈没《ちんもつ》」することが、そのまま救いであるわけではありません。しかし、逆に、「愛欲の広海」から離れられない凡夫に対してこそ、「あはれみたまひて願をおこしたまふ」ということが、つまり凡夫をこそ摂取する、救い取る、ということが起こりうるのです。

「有限と無限とは同体である」という結論も、「無限は有限の外にある」という結論も、それだけを見ると、互いに相容れません。いわゆる「矛盾」です。しかし、事柄を全体として見たときには、それぞれがそれぞれの仕方で真理を語っていると言うことができます。どちらも、それぞれの観点から事柄を正確に言い表しているのです。

しかし逆に言うと、そのどちらも、事柄の全体を言い表したものではない、ということも言えます。むしろその一面だけを言い表しているのです。つまり、どちらも、それだけでは不十分なのです。しかし、どちらもともに事柄の一面を言い表しています。事柄自体が「矛盾」をはらんだものであるときには、そのように矛盾的な表現でしか事柄を言い表すことができないのです。清沢は『他力門哲学骸骨試稿』を執筆しているときに、この点に気づいたのではないかと思います。

『他力門哲学骸骨試稿』は未発表の論考であり、西田がこの論考を読んだ可能性はありません。したがって、いま述べた点について西田は知るよしもありませんでした。西田はむしろ『宗教哲学骸骨』の主張をそのまま承けるような形で、「山本安之助君の「宗教と理性」と云ふ論文を読みて所感を述ぶ」のなかで、無限と有限との関係について論じています。つまり、有限から区別されて考えられた無限は、一つの有限にしかすぎない、したがって宇宙の外に存在すると考えられるような神は本当の神ではない、真の無限は有限のなかに、つまり真の神はこの変化してやまない宇宙のなかにあると考えざるをえない、というように述べています。この西田の主張の背後に『宗教哲学骸骨』における「二項同体」論があったことは、まちがいありません。

四　哲学と宗教との関係

哲学と宗教との相違

さらに清沢と西田に共通する点として、二人の哲学と宗教の関係についての理解を挙げることができます。清沢は『宗教哲学骸骨』の第一章「宗教と学問」のなかで、宗教心と道理心、あるいは宗教と哲学とを、ともに無限に関わるという点で共通性を有するというように語るとともに、他方、まさにその関わり方において大きな違いがあり、そこで宗教と哲学とは根本的に異なるということを述べています。

具体的には次のように述べています。道理心あるいは哲学は、無限なものが本当に真なるものであるのかどうかを疑い、それについてさまざまに研究し、窮め尽くそうとするが、宗教心の方は、まず最初に無限なものの実存、つまり絶対無限なものが現にあるということを確信し、それに向きあい、そこから感化を受けようとする、というように述べています。哲学にとっては無限はどこまでも探究の彼方にあるものです。到達点と言ってもよいでしょう。それに対して宗教にとってはそれは出発点なのです。言いかえれば、宗教は、無限を「受用」すること、受け取ること、すなわち、無限によって満たされ、その実在を確信するところから始まります。

清沢満之の理解

この違いに関わって清沢は『宗教哲学骸骨』のなかで、両者の関係について興味深いことを述べています。具体的には、「直指《じきし》横超《おうちょう》、無限の実存を認めて之を信仰し得る人に於《お》ては豈《あ》に哲学の論議を要せんや(9)」と言われています。「直指」というのは禅の言葉ですが、直接に、まっすぐに究極の真理を指し示すことを意味しています。そして「横超」というのは浄土真宗の教相判釈《きょうそうはんじゃく》で用いられる言葉ですが、横ざまに迷いの世界を超えて、速やかに無上のさとりを得ることです。このようにまっすぐに無限なものの存在を確信することのできる人には、哲学的な議論、たとえば「無限な存在、あるいは絶対的な存在とは何か」とか、「有限者はいったいどのようにして無限な存在へと至りうるのか」といった議論は不要であるということを清沢はここで語っているのです。

しかし、このことはもちろん、清沢が哲学を宗教から排除しようとしたということではありません。というのも、清沢はいまの言葉に、「若《も》し夫《そ》れ宗教内の事に疑あるに当りては豈《あ》に道理の研究を拒まんや」というように付け加えているからです。宗教は教義なくしては成り立ちませんが、その教義を詳しく見ていくと、互いに矛盾するような表現がたくさん出てきます。それをどう理解するかというのは、たいへん難しい問題です。また解釈が難しいところもたくさんあります。たとえば法蔵菩薩の四十八願のうちの第十八願では、「十方の衆生……わが国に生ぜんと欲《おも》ひて、乃至《ないし》十念せん」という表現が出てきますが、この「乃至十念」というのをどう解釈したらよいか、というは難しい問題です。そういう問題を考えていくときに、理性が大きな役割を果たしうる、と清沢は考えていたと思います。そういう意味で、哲学と宗教とは相互に否定しあうものではなく、むしろ相互に支えあうものであると考えていたのではないでしょうか。そこに『宗教哲学骸骨』における清沢の宗教理解の特徴があったと言えます。

西田幾多郎の理解

西田幾多郎の方も、先に見ましたように、論文「山本安之助君の「宗教と理性」と云ふ論文を読みて所感を述ぶ」のなかで、宗教の核心を無限ないし絶対との冥合という点に見いだしていました。そしてその合一がいかにして実現されるかという問いとの関わりにおいて、「理解力」と宗教とを対比的に論じています。「理解力」は事柄を細かく分割し、部分と部分との関係を整合的に説明することができます。しかしそれでは、事柄をその全体において捉えるということはできません。唯一宗教のみがそれを実現できるというのが西田の考えでした。そのことを次のように言い表しています。宗教は「宇宙実在が全体として活動する所以のものを直に感得して実地に之を得るにあり(10)」。この言葉をそのまま使えば、「宇宙実在が全体として活動する所以のもの」を直接に感じ取るということは哲学にはできません。そのような直接的な感得というのは、信仰の場でなされるというように西田も考えていたと言うことができます。

しかし西田は同時に、宗教と知識(哲学)との必然的な関わりについても語っています。宗教と知識とは相反するものではなく、真正の宗教は真正の知識と自ずから合一する、もし両者が相反するものであるならば、そのいずれかが誤っているからだ、というように述べています。

信仰か理性か

この理解は、まさに先ほど見た清沢の理解と重なります。「道理と信仰とは互に相依り相助くべきものにして決して相害し相容れざるものに非ざるなり(11)」というのが清沢の確信するところでした。清沢はさらに一歩歩を進めて、「若し道理と信仰と違背することあらば寧ろ信仰を棄て、道理を取るべきなり。何となれば真の道理と真の信仰とは到底一致に帰すべきものなれども道理は之を正すに方《ほう》〔方法〕あり。信仰は之を改むるに軌《き》〔方法、すべ〕なければなり」[12]とさえ述べています。もし理性と信仰が相容れないことがあれば、信仰を棄ててむしろ理性をとるべきであるとさえ述べているのです。本来、理性と信仰とは一致するはずだとも清沢は考えていました。しかし、仮に両者が一致しない場合、したがって、どちらかが誤っている場合、理性の方には自らの誤りを正す方策が備わっているのに対して、信仰の方にはそれを改めるための術が備わっていないから、理性の方をとるべきであると考えたのです。これは、宗教家としての清沢の、たいへん大胆な見解であると思います。

以上見ましたように、西田の最初の宗教論とも言うべき「山本安之助君の「宗教と理性」と云ふ論文を読みて所感を述ぶ」は、山本のこの論文に対する批判という枠を超えて、西田自身の宗教論の展開という観点からも、また清沢の宗教論の西田への影響という観点からも、重要な意味をもった論考であると言うことができます。そしてその場を提供したのが、清沢や稲葉と関わりの深い雑誌『無尽燈』であったのです。

五　絶対の信任

精神主義

『無尽燈』と並んで清沢と西田とのもう一つの接点となったのは、雑誌『精神界』です。

『精神界』は、第一章でも触れましたが、清沢が明治三十二年に上京した際、その周りに集まった暁烏《あけがらす》敏《はや》や佐々木月樵《げっしょう》、多田鼎《かなえ》らが中心になって作った信仰共同体「浩々洞」を母体にして刊行された雑誌です。明治三十四（一九〇一）年一月に第一巻第一号が刊行され、その二年後に清沢が没したあとも刊行が続けられ、大正八（一九一九）年二月で廃刊になるまで刊行されました。

先ほど、西田が明治三十五年一月十四日の日記に「精神界にて清沢氏の文をよみ感ずる所あり」と記しているのを紹介しましたが、西田はこの雑誌を通して清沢が晩年に至りついた信仰に触れていたと考えられます。ちなみに『精神界』の三十五年一月号には清沢は「迷悶《めいもん》者の安慰《あんに》」という文章を発表しています。

清沢が言う「精神主義」がどういう立場であり、どういう主義かということについては第二章で詳しく述べましたが、ごく簡単に言うと、『精神界』の創刊号に発表した論文「精神主義」の冒頭で清沢は、人間が生きるには「一の完全なる立脚地」が必要であること、そしてそれは「絶対無限者」に触れることによってのみ獲得されうることを述べ、さらに、そのような立脚地の上に立って「自家の精神内に充足を求むる」ことが精神主義の趣旨であることを語っています。あるいは「精神主義と三世《さんぜ》」と題された文章のなかでは、「精神主義は、自己の精神を第一義とし、其《その》精神が現在の境遇に満足して、自由自在に活動する処に、吾人は安住の地位を得べきことを唱導《しょうどう》するなり(13)」というように、精神主義が自己の「安住」をめざすものであることを述べています。

精神の安住

しかし清沢は同時に、自己の精神を第一義とすること、あるいは自己の安住を求めることが、自力の立場に立つことではないこと、つまり自己の力を頼みとして心のなかの満足を獲得しようとするのではないことも強調しています。清沢によれば、精神主義ははっきりと「他力主義」の立場に立ちます。当時清沢がどういう信仰を抱いていたかをよく示すのは、明治三十一年から翌年にかけて三河大浜で記した日記「臘扇記」です。

「臘扇記」は第一号と第二号に分かれていますが、第二号の冒頭で次のように言われています。「一色《いっしき》の映ずるも一香《いっこう》の薫ずるも決して色香其物《そのもの》の原起力に因るにあらず。皆悉《ことごと》く彼《か》の一大不可思議力の発動に基くものたらずばあらず。色香のみならず、吾人《ごじん》自己其物」も、「絶対的に他力の掌中にあるものなり(14)」。

このような言葉で表現される根本的な経験を通して、はじめて自在に活動し、安住の地位を獲得するということが可能になるということを清沢は主張するのです。そのような経験をこそ、あるいはそのような経験のただ中にある心の状態をこそ、清沢は「精神」という言葉で言い表そうとしたと言ってよいと思います。その「精神」の「安住」こそが第一義であり、それとの対比で言えば、経典も儀式も第二義的なものにすぎないということです。

また『精神界』に発表された「親鸞聖人の御誕生会《ごたんじょうえ》に」と題された文章のなかでは清沢は次のように述べています。「彼《か》の本尊と云ひ経巻《きょうがん》と云ひ、礼拝と云ひ、儀式と云ひ、信仰個条と云ふもの、みなこれ精神の反影《はんえい》にして、一の影なり、影に迷ふ勿れ、影に驚く勿れ、活《かっ》潑々地《ぱつぱっち》生命ある宗教は自己精神界に屹《きっ》として現存するものなり[15]」。自己精神中の生き生きとした経験のなかにこそ宗教の核心があるのであって、経典も儀式もそれを反映したものにすぎないということが言われています。もちろん、それらを不要であると言っているわけではありません。しかし、元にある「精神」が確固たるものとしてあって、はじめて経典も儀式も意味をもってくるということです。そのような考えが、「精神主義」という言葉によって言い表されているのです。そのような主張を踏まえて、清沢は同じ文章のなかで、「之を要するに、宗教は主観的事実なり、心霊的経験なり」と言い表しています。

興味深いことに、西田もまた『善の研究』においてこの「心霊的経験」という言葉を用いています。第四編第三章「神」で、「神性的精神の存在ということは単に哲学上の議論ではなくして、実地における心霊的経験の事実である。我々の意識の底には誰にもかかる精神が働いて居るのである[16]」と述べています。清沢の先の文章が西田の念頭にあったことは十分に考えられます。

生命の革新

この宗教理解、とくに「精神」の「安住」こそが第一義であるという理解は、西田の『善の研究』における宗教理解と必ずしも同じではありません。たとえば『善の研究』第四編「宗教」の第一章「宗教的要求」のところで、西田は、「安心立命《あんじんりゅうみょう》」を宗教の目的とすることに明確な反対を表明しています。「安心立命」ということを考えるから、「小慾無憂の消極的生活を以て宗教の真意を得たと心得る様にもなるのである」と批判しています。「我々は自己の安心のために宗教を求めるのではない、安心は宗教より来《きた》る結果にすぎない[17]」というように、「安心」を派生的なものとして位置づけています。

ひょっとすると、この批判は清沢の「精神主義」に向けられたものであったかもしれません。清沢が自己の精神の充足という点に精神主義のめざすべき目標を置いたのに対し、西田はどこまでも「生命の革新」という点に力点を置いて宗教を理解しようとしました。安心立命はどこまでのその結果であるというのが西田の考えでした。

宇宙的精神の実験

以上の点では二人の宗教理解は大きな対立を見せています。しかし、宗教の核心を無限なるものの生き生きとした経験のなかに見いだす点では両者は同じ立場に立っています。『善の研究』の第四編第二章は「宗教の本質」と題されていますが、そのなかで西田は、「最深の宗教は神人同体の上に成立することができ、宗教の真意はこの神人合一の意義を獲得するにあるのである。即ち我々は意識の根柢において自己の意識を破りて働く堂々たる宇宙的精神を実験するにあるのである」(18)というように記しています。

「自己の意識」、それを西田は「小意識」というようにも言い表しています。この「小意識」が破られ、「宇宙的精神を実験する」ということ、つまりそれを実地に、あるいは実際にありありと経験するということを、西田は「一大精神を感得する」という言葉で言い表しています。それを実地に経験することこそ宗教の要であるというのが、西田の考えでした。

さらに、以上述べたことは、『精神界』(明治三十五年十一月号)に発表された「自ら侮《あなど》る自ら重《おもん》ずると云ふ事」という文章中での清沢の主張とも重なります。その中で清沢は次のように述べています。「小さなる自我と云ふものを大事にすればこそ、客観界の事物の為めに動かされもしやう。然《しか》しこの小なる自我をば如来の大心に帰投し終はつたならば、既に客観に対すべき主観と云ふものなく、主観に対する客観と云ふものなく、只一《ひとつ》如来の妙用《みょうゆう》あるのみである。茲《ここ》に至りて始めて何事も如来のなさしめ給ふ所であると云ふことがほんとうに味はれるのである」[19]。清沢が「何事も如来のなさしめ給ふ所であると云ふことがほんとうに味はれるのである」と表現したことを、西田は「自己の意識を破りて働く堂々たる宇宙的精神を実験する」、あるいは「一大精神を感得する」という言葉で言い表したと言ってよいと思います。

ただ、清沢がそこに生じる精神の「安住」という面に注目したのに対し、西田の方は、「小意識」が破られ、「一大精神を感得する」という面に注目したと言うことができます。そのため西田は、真正の宗教は「生命の革新」を求めると言ったのです。同じ事柄を二人は、あちらとこちらというように、別の方向から見ていたように思います。それは、先ほどの「二項同体」の問題と同じように、決して矛盾し、相容れないということではないと考えます。

六　宗教の真髄

「知と愛」

以上で見ましたように、西田は『精神界』を通して清沢の思想に触れ、そこからさまざまな刺激を得たと考えられます。西田と『精神界』とのあいだのもう一つ重要な関わりは、西田自身がそこに論考を発表していることです。清沢が亡くなってからのことですが、『精神界』の明治四十年八月号に「知と愛」という論文を寄せています。この論文はのちに『善の研究』のなかに、その第四編第五章として組み入れられました。この「知と愛」という論文を『精神界』に執筆するように依頼したのは、清沢の開いた浩々洞の同人の一人であり、『精神界』の創刊以来その編集に携わっていた暁烏敏でした。西田が金沢の第四高等学校の教授であった時期ですが、明治四十年八月二日の日記に「暁烏来る」という記事があり、翌日の欄に「精神界の為に知と愛といふ文を草す」と記されています。そして八月五日の欄には「暁烏君帰る」とあります。

暁烏は『西田幾多郎全集』（初版）の月報に「西田幾多郎氏の追憶」という文章を寄せていますが、そのなかで、西田に最初に会ったのは、明治三十四、五年頃であったと記しています。その頃山口高校から第四高等学校の教授に転じていた西田は、同僚の堀惟孝《これたか》らとともに、「三々《さんさん》塾」（明治三十三年に作られたので、そういう名前が付けられました）という学生の人格形成をめざした塾の世話をしていました。その三々塾にしばしば招かれ話をしたことがあったこと、その折に西田に会ったことを、暁烏はこの「西田幾多郎氏の追憶」のなかで記しています。[20]また四高の教官の集会所で『歎異鈔』についての講義をしたことがあったとも記しています（暁烏は石川県石川郡出城《でじろ》村、現在の白山市にある明達寺《みょうたつじ》という寺の出身です）。

宗教の真髄

『精神界』に発表した論文「知と愛」のなかで西田は、純粋経験における主客合一の問題を取りあげ、それを「自己を忘れ、ただ自己以上の不可思議力が独り堂々として働いて居る」状態として説明しています。先ほど引用した清沢の「皆悉く彼の一大不可思議力の発動に基くものたらずばあらず」という言葉を思い起こさせる表現です。

その具体的な例として西田は「父よ、もしみこころにかなわばこの杯を我より離したまえ、されど我が意のままをなすにあらず、唯みこころのままになしたまえ」という「マタイによる福音書」（二六・三九）の言葉とともに、「念仏はまことに浄土にむまるるたねにてやはんべるらん、また地獄におつべき業にてやはんべるらん、総じてもて存知せざるなり」という『歎異抄』の言葉を挙げています。このように自己を投げ出し、自己のなかに働く自己以上の力にすべてを委ねる点にこそ「宗教の極意」[21]があるという自らの宗教理解の核心を、西田はこの短い論文のなかで簡潔に言い表しています。

そのような宗教理解をわれわれは、その四年後に『宗祖観《しゅうそかん》』（明治四十四年）という本に発表された「愚禿《ぐとく》親鸞」という小文のなかにも見いだすことができます。この『宗祖観』という本は、西田が学習院から京都大学に移った翌年、親鸞聖人六百五十年忌を記念して大谷学士会から出版されたものです。その編集には、西田の弟子であった小笠原秀実《しゅうじつ》という人があたっています。

この「愚禿親鸞」のなかで西田は次のように記しています。「ただ翻身《ほんしん》一回、此《この》智、此徳を捨てた所に、新な智を得、新な徳を具え、新な生命に入ることができるのである。これが宗教の真髄である。宗教の事は世のいわゆる学問知識と何ら交渉もない(22)」。

「絶対の信任」

この西田の理解が清沢のそれと響きあうことは、すでに引用した清沢の文章からも読みとることができますが、とりわけ『精神界』の明治三十四年十一月号に発表された「宗教的信念の必須条件」のなかでの清沢の主張との近さを指摘することができます。そこで清沢は次のように述べています。「宗教的信念に入らうと思ふたならば、先づ最初に総ての宗教以外の事々物々を頼みにする心を離れねばならぬ(23)」。あるいは次のようにも記しています。「宗教的天地に入らうと思ふ人は、形而下《けいじか》の孝行心も、愛国心も捨てねばならぬ。其他《そのた》仁義も、道徳も、科学も、哲学も一切眼にかけぬやうになり、茲《ここ》に始めて、宗教的信念の広大なる天地が開かる丶のである(24)」。そしてそのような「天地」を開きうるのは、「只一すぢに如来にたよる」という行為・信仰を通してであることを主張しています。この「只一すぢに如来にたよる」ということを清沢は、『臘扇記』のなかでは「絶対の信任（たのむ）」という言葉を使って言い表していました。西田が「宗教の極意」を表現するために、マタイによる福音書の「我が意のままをなすにあらず、唯みこころのままになしたまえ」という言葉を引用し、『歎異抄』の「念仏はまことに浄土にむまるるたねにてやはんべるらん、また地獄におつべき業にてやはんべるらん、総じてもて存知せざるなり」という言葉を引用したのも、この「信任」を言い表すためであったと言うことができます。

二人の信仰に深く響きあうものがあったことがここからも知られます。

註

（1）西田幾多郎『善の研究』岩波文庫、改版第一刷、二〇一二年、二二四頁。
（2）西田幾多郎『善の研究』二二三頁。
（3）『西田幾多郎全集』岩波書店、二〇〇二―二〇〇九年、第十九巻二八―二九頁。
（4）吉田久一『清沢満之』吉川弘文館、一九六一年、二八頁。
（5）『西田幾多郎全集』岩波書店、第十九巻四七頁。
（6）北野裕通「西田幾多郎と真宗人たち――稲葉昌丸を中心として」もこのように推測して

います。『仏教と人間——中西智海先生還暦記念論文集』（永田文昌堂、一九九四年）六〇五頁。

（7）西田幾多郎『善の研究』一二三頁。

（8）『清沢満之全集』岩波書店、第一巻一二頁。『現代語訳 宗教哲学骸骨』二六頁。

（9）『清沢満之全集』岩波書店、第一巻六頁。『現代語訳 宗教哲学骸骨』一五頁。

（10）『西田幾多郎全集』岩波書店、第一一巻五五頁。

（11）『清沢満之全集』岩波書店、第一巻七頁。『現代語訳 宗教哲学骸骨』一七頁。

（12）『清沢満之全集』岩波書店、第一巻七頁。『現代語訳 宗教哲学骸骨』一六頁。

（13）『清沢満之全集』岩波書店、第六巻九二頁。『現代語訳 精神主義』六〇頁。

（14）『清沢満之全集』岩波書店、第八巻三九二頁。試みに現代語に訳せば、「一つの色が輝きでるのも、また一つの香りが匂い立つのも、決して色や香りそのものに、それを引きおこす力があるからではありません。すべてみな、かの人間の理解を超えた大いなるものの力の発動でないものはありません。色や香りだけではありません。私たちの自己そのものも、「絶対的に他力の手のなかにあるのです」となります。

（15）『清沢満之全集』岩波書店、第六巻一〇四頁。『現代語訳 わが信念』二六頁。

（16）西田幾多郎『善の研究』二四八頁。

（17）西田幾多郎『善の研究』二二四頁。

（18）西田幾多郎『善の研究』二三四頁。
（19）『清沢満之全集』岩波書店、第六巻二二六頁。『現代語訳 わが信念』四八頁。
（20）『暁烏敏日記』（上、暁烏敏顕彰会、一九七六年）の明治三十六年十一月十四日の欄に次のような記述があります。「三々塾に行く。……西田幾多郎（高等学校教授）石川（剣道家）と初対面。三々塾とは西田氏等の督《とく》するまじめなる青年の合宿所也。修道院也」。この記述のように暁烏は明治三十六年にはじめて西田に対面したと考えてよいでしょう。
（21）西田幾多郎『善の研究』二六三頁。
（22）『西田幾多郎随筆集』上田閑照編、岩波文庫、一九九六年、一五六頁。
（23）『清沢満之全集』岩波書店、第六巻七六頁。『現代語訳 わが信念』一七頁。
（24）『清沢満之全集』岩波書店、第六巻七七頁。『現代語訳 わが信念』一九頁。

清沢満之年表

和暦	西暦	年齢	行実	講演・著作	社会・教団
文久三	一八六三		六月二六日、徳永永則・タキの長男として、名古屋黒門町に生まれる。幼名満之助。		
元治元	一八六四	一	妹が生まれたために祖母マツの家で養育される。		七月、東本願寺両堂、禁門の変の兵火のため焼失。
慶応二	一八六六	三	祖母没し妹もまた逝き、父母の膝下に帰る。		
明治元	一八六八	五			一月、鳥羽伏見の戦。明治維新。三月、神仏分離令出される。
三	一八七〇	七	渡辺圭一郎の不忌堂塾に通学、算術を得意とする。		二月、現如上人、北海道開拓にあたる。
五	一八七二	九	八月、愛知県第五義校開設し義校生となる。		三月、一向宗の名を廃し、真宗の宗名公認される。
六	一八七三	一〇	七月、義校制廃止により第三小学遷喬学校に転入学。		二月、切支丹禁制の高札撤去。八月、高倉学寮を貫練場と改称。
七	一八七四	一一	九月、愛知外国語学校に入学。一二月、愛知英語学校と改称。		一月、板垣退助ら、民選議院設立を建白。
一〇	一八七七	一四	四月、愛知英語学校廃校となり、五月、愛知県医学校に入学。九月、退校し河原氏につい		二月、西南の役始まる。四月、東京大学開設。

			て四書五経を習うかたわら、近隣の児童に英語を教える。	
一一	一八七八	一五	二月、覚音寺衆徒として得度。法名賢了（賢亮）。	二月、仏教各宗派に肉食妻帯勝手たるべき旨示達される。
一二	一八七九	一六	三月、東本願寺育英教校（明治八年設立）に入学。今川覚神、稲葉昌丸らと相知る。	五月、東本願寺両堂再建事務局設立。
一四	一八八一	一八	一一月、東京留学を命ぜられ、稲葉昌丸、柳祐久とともに上京。	六月、西本願寺を本願寺派、東本願寺を大谷派と改称。
一五	一八八二	一九	一月、東京大学予備門第二級に編入学。同級に岡田良平、一年下級に沢柳政太郎らの友を得る。成績は首席、英語・数学を得意とし、この頃より物理学に関心を寄せる。	一二月、貫練教校を大学寮と改称、三講者制をとる。
一六	一八八三	二〇	七月、予備門を卒業。九月、東京大学文学部哲学科に入学。一一月、学内騒動に参加し退学を命ぜられる。	一一月、鹿鳴館開館式。
一七	一八八四	二一	一月、復学。フェノロサのヘーゲル哲学講義に感銘。井上円了ら哲学会を創設、これに参加する。	五月、南条文雄、英国留学より帰国。

一九	一八八六	二三		「一因多果」	三月、帝国大学令公布、東京大学を帝国大学と改称。
二〇	一八八七	二四	二月、『哲学会雑誌』創刊。第五号まで岡田良平と編集にあたる。七月、哲学科卒業、大学院に入り宗教哲学を専攻。かたわら第一高等学校でフランス史を担当し、九月、哲学館創設に評議員として参加し、心理・論理・純正哲学を講ずる。本郷西片町に一家を構え、郷里より両親を迎える。新法主の命により上洛し幼学の要綱を進講。		九月、井上円了、哲学館（のちの東洋大学）を創設するとともに、『真理金針』『仏教活論』などあいついで刊行。
二一	一八八八	二五	七月、京都府尋常中学校校長として赴任。八月、清沢やすと結婚。九月以降、新法主の学問所たる岡崎学館の掛員となり、真宗大学寮にて西洋哲学史を講ずる。	「哲学定義集」「因果の理法を論ず」	五月、加藤弘之、南条文雄ら二五名にはじめて博士の号が与えられる。
二二	一八八九	二六	七月、稲葉昌丸を中学教諭に迎える。人見忠次郎らとともに宗教学術に関する研究会を開き、理事会と名づけ以後月例とする。中絶していた本山留学生制度復活を建議。	「純正哲学」「西洋哲学史試稿」「論理学試稿」「心理学試稿」	二月、帝国憲法発布。五月、東本願寺大師堂上棟式挙行。一〇月、現如上人東本願寺第二二世襲職。
二三	一八九〇	二七	七月、校長の職を稲葉昌丸に託す。この頃より禁欲生活を始め、剃髪しモーニングを法服に変え、真宗の仮名聖教を読む。特に『歎異抄』に親しむ。	「西方問答」「信願要義」「願生偈」	一〇月、教育勅語発布。一一月、第一回帝国議会開会。

二四	一八九一	二八	前年来、中学の僧侶生を毎月二回高倉講堂に集め、修養会を開く。四月、細川千巌、楠潜竜、稲葉昌丸とともに岡崎学館の改革を提議し主任となる。一〇月、母タキ没。以後禁欲生活ますます厳しくなり行者生活を送る。	「論理学研究」	一月、内村鑑三、教育勅語拝礼を拒み不敬事件起こる。
二五	一八九二	二九	二月、稲葉昌丸とともに教学資金募集を建議。許されず稲葉校長を辞す。一〇月、稲葉昌丸、井上豊忠らと教学の独立を主張建策す。この年、行者生活いよいよ厳しく、そのミニマム・ポシブルを実験。近郊の行者を歴訪。	『宗教哲学骸骨』刊行。	一二月、東本願寺本堂上棟式挙行。
二六	一八九三	三〇	三月、稲葉昌丸とともに教職辞任を申し出るも、止められる。七月、二見ケ浦の関西仏教青年会で講演、途中各地の高僧を歴訪。九月、京都府尋常中学を府に返還、新たに大谷尋常中学を開設するにあたり、校長兼大谷派教学顧問として沢柳政太郎を迎え、ともに学制改革の計画を練る。	『宗教哲学骸骨』英訳され、シカゴ万国宗教大会にて好評。「思想開発環」講演。	四月、井上哲次郎『教育ト宗教ノ衝突』を出版し、論争を起こす。九月、シカゴ万国宗教大会開催。
二七	一八九四	三一	四月、結核と診断される。友人の強請により、大・中学の教職を辞し、六月、須磨垂水に転地療養。七月、新学事体制は発足したが、一〇月、中学生の同盟休校により頓挫。一二月、沢柳政太郎解職、稲葉昌丸ら減俸。	「病床左録」「保養雑記」	一月、厳如上人没。八月、宣戦布告、日清戦争始まる。

二八	一八九五	三二	七月、垂水の療養地より帰洛。南条文雄、村上専精ら一二名とともに、寺務改正の建言書を提出。宗務の根本方針を教学に置くべきことを建言。この前後、清沢姓を名のる。	『在床懺悔録』 『他力門哲学骸骨試稿』 「仏教と進化論」	四月、日清講和条約調印。 四月、東本願寺両堂落成。
二九	一八九六	三三	宗門改革を唱え、一〇月、稲葉、今川、井上ら五名の同志とともに、洛東白川村に籠居、『教界時言』創刊。 一二月、渥美契縁、執事を免ぜられる。	「心識不滅論」 「大谷派の有志者に檄す」 「教界時言発行の趣旨」 「革新の要領」 「末寺会議」	
三〇	一八九七	三四	二月、大谷派革新全国同盟会を結成して、請願書を提出。運動の主唱者として除名処分を受ける。石川舜台、参務となり寺務職制の改定を行う。一二月、同盟会を解散。この頃より『阿含経』に親しむ。	「師命論」 「大谷派宗政の革新」 「大谷派宗務革新の方針如何」 「貫練会を論ず」	三月、足尾銅山鉱毒事件起こる。日本主義および社会主義の思潮盛ん。大谷派改革運動並びに反改革運動盛ん。
三一	一八九八	三五	四月、『教界時言』廃刊。除名処分を解かれる。五月、家族とともに西方寺に入る。九月、上京した折、沢柳政太郎宅にて『エピクテートス語録』に触れる。学師教師となり、身分を復旧される。	「病床雑誌」 「徒然雑誌」 「仏教者盍自重乎」 「教界回転の枢軸」 「臘扇記」起稿。	

三二	一八九九	三六	六月、新法主の招命により東上、以後新法主の補導にあたる。越前敦賀の関西仏教青年会夏期講習会にて講演。八月、真宗大学東京移転、学監に就任。	「仏教の効果は消極的なる乎」「臘扇記」結。『有限無限録』「他力信仰の発得」「因果の必然と意志の自由」「破邪顕正談」講演。「宗教と倫理との相関」『転迷開悟録』	一月、東京で全国仏教徒大会開催、宗教法案反対を表明。仏教清徒同志会による新仏教運動展開。一二月、宗教法案貴族院に提出。真宗大学の東京移転を可決。
三三	一九〇〇	三七	一月、月見覚了、吉田賢竜、太田祐慶らとともに、真宗大学建築掛に任命される。四月、近角常観が本郷森川町に開いた寮に移る。九月、暁烏敏、佐々木月樵、多田鼎らとともに浩々洞の共同生活を始める。『精神界』の発刊を企画。	「心霊の諸徳」「宗教と文明」「御進講覚書」「当用日記」起稿。	一月、全国仏教徒大会、宗教法案反対を議決。二月、宗教法案否決。四月、近角常親ら渡欧。六月、仏教清徒同志会『新仏教』を創刊。
三四	一九〇一	三八	一月、浩々洞より『精神界』を発刊。五月、大谷派耆宿局局員に就任。一〇月、真宗大学開校。鳳至洪雄、鳥越順回、楠竜造、近藤純悟入洞。	「精神主義」「公徳問題の基礎」「自由と服従との双運」	一月、キリスト教二〇世紀大挙伝道実施。二月、福沢諭吉没。

			一一月より浩々洞にて日曜講話を開催。暁烏敏、『精神界』に「精神主義と性情」を発表、以後精神主義に対して道徳破壊との非難がなされる。	「精神主義と物質的文明」 「先づ須らく内観すべし」 「精神主義と唯心論」 「精神主義と他力」 「一念」 「宗教は主観的事実なり」 「平等観」 「遠美近醜」 「心機の発展」 「宗教的信念の必須条件」	七月、村上専精、『仏教統一論』を刊行し、大乗非仏説論を唱える。 一〇月、村上専精、大乗非仏説論により僧籍を除かれる。
三五	一九〇二	三九	六月、浩々洞を本郷東片町に移転。在洞者、暁烏、多田、佐々木、近藤、楠、原そして満之の七名。長男信一、洞にて死去。一〇月、妻やす、大浜にて死去。 一〇月、真宗大学生の関根仁応主幹排斥運動の責を負って学監を辞任。	『心霊の修養』 「迷悶者の安慰」 「精神主義と三世」 「精神主義と共同作用」	一月、日英同盟締結。 二月、曽我量深、佐々木月樵、近藤純悟、多田鼎、本多辰次郎、真宗大学教授となる。 三月、近角常観、帰国。 六月、近角常観、東京森川町に求道学舎を開設。

			一一月、大浜西方寺に帰る。	「絶対他力の大道」 「生活問題」 「仏による勇気」 「天職及び聖職」 「倫理以上の安慰」 「自ら侮る自ら重んずると云ふ事」	八月、大谷光瑞ら中央アジア仏蹟探険に赴く。 九月、正岡子規没。
三六	一九〇三	四〇	二月、本山耆宿会議に出席。帰途大谷本廟に参詣して「本山に対する仕事は終った」との言葉を残す。 三月、曽我量深入洞。 四月、三男広済死去。 六月六日没。法名信力院釈現誠。	「他力の救済」 「倫理以上の根拠」 「我以外の物事を当てにせぬこと」 「真の朋友」 「喀血したる肺病人に与ふるの書」 「宗教的道徳（俗諦）と普通道徳との交渉」 「我信念」 「当用日記」結。	二月、南条文雄、真宗大学学監となる。 三月、渥美契縁、寺務総長となる。 五月、藤村操、華厳滝投身自殺。 六月、内村鑑三、『聖書之研究』により、日露非開戦・戦争反対を主張する。

文献ガイド

清沢満之の著作

『清沢満之全集』全九巻、岩波書店、二〇〇二―二〇〇三年
『清沢満之全集』全八巻、法藏館、一九五三―一九五七年
『清沢満之集』安冨信哉編、山本伸裕校注、岩波文庫、二〇一二年
大谷大学真宗総合研究所編『清沢満之『精神界』論文集』平楽寺書店、一九九九年
大谷大学真宗総合研究所編『臘扇記 注釈』法藏館、二〇〇八年

現代語訳

『現代語訳 清沢満之語録』今村仁司編訳、岩波現代文庫、二〇〇一年
『現代語訳 宗教哲学骸骨』藤田正勝訳、法藏館、二〇〇二年
『現代語訳 他力門哲学骸骨』藤田正勝訳、法藏館、二〇〇三年
『現代語訳 精神主義』藤田正勝訳、法藏館、二〇〇四年
『現代語訳 わが信念』藤田正勝訳、法藏館、二〇〇五年
『現代語訳 在床懺悔録』藤田正勝訳、法藏館、二〇〇七年

清沢満之の生涯

西村見暁『清沢満之先生』法藏館、一九五一年
吉田久一『清沢満之』吉川弘文館、一九六一年
脇本平也『評伝　清沢満之』法藏館、一九八二年
神戸和麿『清沢満之の生と死』法藏館、二〇〇〇年
亀井鑛『父と娘の清沢満之』大法輪閣、二〇〇一年
教学研究所編『清沢満之――生涯と思想』真宗大谷派宗務所出版部、二〇〇四年
上田閑照「清沢満之――絶対他力における「境遇と境涯」」、上田閑照『哲学コレクションI　宗教』岩波現代文庫、二〇〇七年
『大谷大学初代学長清沢満之――その精神にせまる』大谷大学・大谷大学短期大学部、二〇一四年

清沢の信仰・思想全体にわたる研究

寺川俊昭『清沢満之論』文栄堂、一九七三年
福嶋寛隆・赤松徹真編『資料清沢満之』全三巻、同朋舎出版、一九九一年
安冨信哉『清沢満之と個の思想』法藏館、一九九九年
藤田正勝・安冨信哉編『清沢満之――その人と思想』法藏館、二〇〇二年
今村仁司『清沢満之の思想』人文書院、二〇〇三年

今村仁司『清沢満之と哲学』岩波書店、二〇〇四年
神戸和麿『清沢満之――その思想の軌跡』法藏館、二〇〇五年

「精神主義」をめぐって

法藏館編『近代の宗教運動――『精神界』の試み』法藏館、一九八六年
福島栄寿『思想史としての「精神主義」』法藏館、二〇〇三年
山本伸裕『「精神主義」は誰の思想か』法藏館、二〇一一年
近藤俊太郎『天皇制国家と「精神主義」――清沢満之とその門下』法藏館、二〇一三年

特定の視点からの清沢研究

加藤智見『いかにして〈信〉を得るか――内村鑑三と清沢満之』法藏館、一九九〇年
西谷啓治「清沢先生の哲学」、『西谷啓治著作集』第十八巻、創文社、一九九〇年
久木幸男『検証清沢満之批判』法藏館、一九九五年
延塚知道『清沢満之と歎異抄』文栄堂書店、二〇〇四年

あとがき

私が清沢満之に関心をもったのは、西田幾多郎を通してでした。本文でも引用しましたが、西田は明治三十五年の日記のなかで「精神界にて清沢氏の文をよみ感ずる所あり」と記しています。そうした文章に触れて、清沢満之という人物に、またその思想に関心を抱くようになりました。また西田にどういう影響を与えたのかという点にも関心を寄せてきました。つまり、西田の思想を研究するという視点から、ずっと清沢を見てきたわけです。

しかし、あるときから清沢満之という人、そしてその思想や信仰そのものに関心を抱くようになりました。そのきっかけになったのは、法藏館の編集者の方から『清沢満之——その人と思想』（二〇〇二年、安冨信哉との共編）という論文集を編集することを依頼されたことです。ここでは私自身は「清沢満之と西田幾多郎」という論文を書きましたが、この題が示すように、まだ西田との関わりで見ていました。

しかし、それに引きつづいて、清沢満之の代表的な著作を現代語訳するという仕事を法藏館の編集者の方から依頼されました。それ以後、視点が変わりました。つまり清沢自身から清沢を見るようになったのです。

この現代語訳の仕事を進める過程で、ときおり清沢の思想や、それが成立した時代的・思想的背景について講演するように依頼されることがありました。それを通して、少しずつ清沢の信仰や思想についての理解が深まっていきました。

もちろん私の視点はつねに哲学の方に置かれていますので、真宗学の専門家から見ると私の清沢理解には不十分なところがあると思います。しかし他方、哲学の方から見ることによって見えてくることもあるのではないかとも思っています。もしこれまでにない清沢の側面が描きだされていれば、筆者としてたいへんうれしいことです。

いま清沢に関する講演をいくつか行ったと書きましたが、たとえば大谷大学真宗学会や親鸞仏教センター清沢満之研究会、碧南市西方寺における浜風臘扇忌、同朋大学仏教文化学科公開講座、真宗尾張同学会大会、そして平成二十五年十月に大谷大学で開催された清沢満之生誕一五〇周年記念シンポジウムなどです。そのときどきにご尽力いただいた先生方や職員の方々に改めて御礼申し上げます。

本書は、これらの機会に行った講演の原稿をベースになったものです。ただ全体のまとまりを考えて、大きく書き直しました。分量的にも、講演原稿よりだいぶん増えました。

本書は清沢の信仰や思想について詳細に論じた専門書ではありません。その人となりや生涯、思想の変遷、そして清沢が歩んだ信仰の道筋と最後に至りついた境地について私なりの理解を述べたにすぎません。もっと深く清沢の考えたことやその宗教的な立場について知りたいと思われた方は、先に挙げた文献ガイドを手がかりにして、清沢の信仰と思想の森のなかにいっそう深く分け入っていただくとよいのではないかと考えています。

本書の出版にあたっては、法藏館編集部の方々、とくに岩田直子さんにたいへんお世話になりました。最後になりますが篤く御礼申し上げたいと思います。

平成二十七年二月三日

藤田正勝

著者紹介

藤田正勝（ふじた　まさかつ）

1949年生まれ。京都大学大学院文学研究科、ドイツ・ボーフム大学ドクターコース終了。哲学・日本哲学史専攻。京都大学大学院文学研究科教授を経て、現在は同大学院総合生存学館教授。著書に『若きヘーゲル』（創文社）、『京都学派の哲学』（編著、昭和堂）、『清沢満之——その人と思想』（法藏館）、『西田幾多郎——生きることと哲学』『哲学のヒント』（ともに岩波書店）などがある。

清沢満之が歩んだ道
——その学問と信仰

二〇一五年　四月二〇日　初版第一刷発行

著　者　藤田正勝

発行者　西村明高

発行所　株式会社　法藏館
京都市下京区正面通烏丸東入
郵便番号　六〇〇-八一五三
電話　〇七五-三四三-〇〇三〇（編集）
〇七五-三四三-五六五六（営業）

印刷・製本　中村印刷株式会社

© Masakatsu Fujita 2015 *Printed in Japan*

ISBN978-4-8318-3842-1 C1010

乱丁・落丁本の場合はお取り替え致します

現代語訳他力門哲学骸骨　清沢満之著・藤田正勝訳　二、〇〇〇円
現代語訳精神主義　清沢満之著・藤田正勝訳　一、九〇〇円
現代語訳わが信念　清沢満之著・藤田正勝訳　二、〇〇〇円
現代語訳在床懺悔録　清沢満之著・藤田正勝訳　一、六〇〇円
清沢満之　その人と思想　藤田正勝・安冨信哉編　二、八〇〇円
清沢満之　その思想の軌跡　神戸和麿著　二、二〇〇円
清沢満之の生と死　神戸和麿著　一、五〇〇円
臘扇記　注釈　清沢満之著・大谷大学真宗総合研究所編　一、八〇〇円
「精神主義」は誰の思想か　山本伸裕著　二、八〇〇円
天王制国家と「精神主義」　清沢満之とその門下　近藤俊太郎著　二、八〇〇円
清沢満之と宗教哲学　近代日本の学問形成史小景　箕浦恵了著　二、四〇〇円

法藏館　価格は税別